能動的
サイバー防御

日本の国家安全保障戦略の進化

Japan's Active Cyber Defense

A New Direction for National Security Strategy

持永 大 MOCHINAGA DAI

日本経済新聞出版

はじめに

　2000年の政府機関に対するサイバー攻撃を契機として、日本政府は包括的なサイバーセキュリティ対策に取り組み始めた。

　その後20年を経て、政府は安全保障戦略として能動的サイバー防御に取り組む方針を示した。しかし、この間に政府は、国内外のサイバー攻撃による被害、東京オリンピック・パラリンピック等のイベントごとにサイバーセキュリティの在り方を議論し、複数の安全保障戦略、サイバー関連戦略、防衛戦略を策定したが、日本のサイバーセキュリティやサイバー防衛の明確な姿はみえない。

　現在の状況をみれば、政府や企業は、サイバー攻撃対策をしているにもかかわらず、ランサムウェアによる被害や情報漏洩が続いている。このことは、この分野における解がないことを表している。すなわち、日本は常にサイバー分野における脆弱性を持ち、これからもその脆弱性に対応し続けるしかない。

　一方で、日本の安全保障におけるサイバー分野の重要性が高まったのは2010年代である。それまで、政府はサイバー分野の戦略上の重要性を指摘しつつも、重要な政治問題として取り上げてこなかった。情報通信技術に関する問題は、日本の経済活動だけでなく、安全保障上の問題である。それにもかかわらず、日本の情報処理と通信を誰がどう守るかは、重要な政治問題として注目を浴びていなかった。

　しかも、2000年以降も情報セキュリティやサイバーセキュリティの問題はずっと存在し、政治、行政、産業界の間で様々な関係があった。例えば、国全体のサイバーセキュリティ予算や関連する人員を必要とする、産業政策、防衛政策、警察政策に関しては、明確に

政治との接点が存在している。しかし、2000年から問題視されていた縦割り行政や人材・設備・予算（いわゆるヒト・モノ・カネ）不足は20年以上経っても解決していない。

　そこで本書は、日本のサイバー関連政策がどのように形成され、それがどのような内容だったのか、そして能動的サイバー防御は安全保障戦略、防衛政策、サイバーセキュリティ政策の中でどのように位置づけられてきたのかを明らかにすることを課題とする。

　2010年代までの日本は、サイバーセキュリティに対する政治的関心が薄く、民間が主体的になって取り組むことを前提に、自助・共助・公助によってサイバーセキュリティを確保することを方針としていた。これは、政府があらゆる組織を保護することは難しく、企業等は業種や規模によってサイバーセキュリティ対策から得られるメリットに応じたコストを支払う必要がある観点から考えれば、合理的といえる。

　しかし、企業等が依存する情報技術が多様化するにつれて、自助によるサイバーセキュリティ対策は複雑かつ困難な課題となった。さらに、これらの対策は迅速性を求められるようになった。やがて自助によるセキュリティ対策が不十分な組織が被る被害は増大し、共助や公助が必要となる重要インフラと呼ばれる分野でも被害が出始めた。そのため、サイバーセキュリティ対策は、政府・民間組織を問わず一定のレベル以上を満たさなければならない。もし、サイバー攻撃によって多大な被害が出れば、一つの組織の被害があらゆる箇所に波及することになるからだ。

　日本のサイバーセキュリティをめぐる研究において、戦略環境や政府全体の課題を扱った研究は少ない。世界的な研究の潮流をみると、サイバーセキュリティ研究は、通信ネットワーク、ソフトウェア、または暗号といった技術的な研究だけにとどまらず、社会学、

政治学、戦略論や国際政治と組み合わせることで、社会で技術を活用することを念頭に置いた研究が行われている。その中には、安全保障や防衛に関係する研究も多数ある。そこで、本書は2010年以降の情報セキュリティ・サイバーセキュリティ・サイバー安全保障政策を包括的に研究対象とすることで、日本のサイバー空間をめぐる安全保障を研究対象とする。

　サイバーセキュリティに関する実務をみても、この四半世紀の間に、問題の全体象は大きく変わった。被害を受ける側をみれば、サイバー攻撃による被害は単独の企業や個人にとどまらず、複数の組織や業界にまたがるようになった。その背景には、多様化するサプライチェーンや、クラウド環境などの情報システムの複雑化がある。また、サイバー空間でのインシデント対応においても、複数国にまたがることが多く、企業の海外拠点が端緒となった侵害が日本の拠点に及ぶこともある。

　さらに、被害への対処も様相が変わった。サイバー空間におけるスパイ活動やサイバー犯罪組織に対する経済制裁といった問題は、かつて情報処理や通信のセキュリティについて考えることであった問題が、法律、社会制度、または国際政治といった複数の領域を横断する問題となったことを表している。このことからわかるように、問題を理解する上で、これらの領域の枠組みにとらわれない方がよく、その方がサイバー空間におけるダイナミクスがよくわかるだろう。

　本書は、まず第1章で能動的サイバー防御とは何かをみる。

　続いて、第2章でサイバー空間における脅威や、攻撃と防御をめぐる趨勢を分析する。ここでは、まず、ランサムウェアなどの脅威の変化とそれらへの対処の変遷を概観する。続いて、純粋な防御だけでは不十分だと認識した米国が導入した能動的サイバー防御とそ

の概念の変化を追う。そして、これまでに国家が実行したアクティブ・サイバーディフェンス（能動的サイバー防御）による対処を詳しくみることで、何が、いつ、どこで行われるのかをつかむ。さらに米国が実施した攻撃的なサイバー作戦を紹介することで、能動的サイバー防御による対処との違いを提示する。

第3章では、他国のサイバー戦能力を概観する。日本と比較して、他国はどのようなサイバー戦能力を持っているか、またどういった相手と対峙しているかを分析する。

第4章ではサイバー空間におけるダイナミクスを捉えるため、近年欧米が推進するアクティブ・サイバーディフェンスの裏付けとなっている理論的枠組みを紹介する。この理論的枠組みを捉えることで、日本は従来とは違ったアプローチでサイバー空間上での脅威に対応しなければならないことを示すとともに、どの程度欧米で行われている取り組みに追いつくことができるかを分析する。

これはサイバー持続性理論と呼ばれるものであり、サイバー空間における攻防の在り方やサイバー空間の特徴を説明する理論である。この理論は、サイバー空間に特有の環境要因を抽象化して分析し、国家や犯罪組織がサイバー攻撃によって得ようとする利益や達成しようとする優位性を説明する。

本書がサイバー持続性理論を提示するのは、サイバー空間をめぐる戦略環境についての基本的な理解を目指すためである。一言でいえば、相手側もこちら側もサイバー空間では、経済的な利益や情報をめぐる搾取を継続し、優位性を確保することを重視している点が特徴である。また、そういう優位性はコンピュータやネットワークが持つ脆弱性や、その脆弱性への対応によって容易に変化する。これをふまえることで、サイバー空間における戦略環境が従来の通常兵器や核兵器による戦略環境と違うことがわかる。

サイバー空間における特徴を従来の通常兵器や核兵器による戦略

環境と比較すれば、抑止論などの従来の戦略理論を援用するのが難しいことがわかる。具体的には、通常兵器による戦争が、力による強制によって相手側の領土や資源を奪取する形態をとるのに対して、サイバー空間では、経済的な利益や搾取によって優位性を確保する形態となっている。また、核兵器による戦略環境とは異なり、核兵器を使用する攻撃側が圧倒的な優位性を持つ状況であったものが、サイバー空間では攻撃・防御それぞれが優位性を確保するために競争的な環境となっている。

　この特徴を理解することで、日本が能動的サイバー防御を採用する必要性が明確になる。すなわち、サイバー空間におけるダイナミクスを理解し、対処能力で欧米主要国並みまたはそれ以上を目指すことが、日本の安全保障にとっていかに重要であるかがわかるのである。

　第5章では、日本のサイバー政策の経緯を分析する。サイバー関連政策、国際協力、予算、組織の発展過程からサイバー安全保障の契機を分析し、2022年の国家安全保障戦略（NSS2022）が示す能動的サイバー防御を読み解くとともに、その課題を指摘する。これらの課題は、他国との比較、基礎となる理論、そして日本の経緯をふまえたものであり、具体的にはサイバー安全保障が生み出す相互作用や能動的サイバー防御に向けた体制を挙げる。

　本書のように能動的サイバー防御の構成要素を、関連政策、予算、組織の歴史的発展過程もふまえながら検討したものはない。言い換えれば、本書は、国家安全保障戦略が提示した能動的サイバー防御における従来の取り組みをめぐる歴史的展開と将来の課題を、包括的に明らかにしようとする試みである。

持永　大

能動的サイバー防御　目次

Japan's Active Cyber Defense Contents

はじめに　3

第1章　能動的サイバー防御とは何なのか

この章について　18

1−1　能動的サイバー防御とは　19

1−2　サイバーセキュリティからサイバー安全保障へ　23

1−3　誰に・なぜ・何に・どうやって　24

1−4　国際情勢に追いつくための日本の変化　26

1−5　欧米主要国並みとは何を指すのか　27

　　（1）日本は地域のロールモデルとなりうるのか　29

　　（2）サイバー分野の安全保障に関する評価が低い日本　31

第2章　サイバー空間における趨勢

この章について　36

2−1　複雑化するサイバー空間における防護策と脅威　37

2−2　サイバー攻撃による被害の拡大　39

2−3　サイバーセキュリティをめぐる変化　43

　　（1）脅威の変化　43

　　（2）欧米における対応の方針転換　44

（3）日本のパブリックアトリビューションへの参加　47

（4）サイバー空間における秩序構築　49

（5）サイバー空間をめぐる国連の議論　51

（6）並立する2つの会議　54

2－4　サイバー攻撃の様態と領域　55

（1）サイバー攻撃のメカニズム　56

（2）サイバー攻撃の段階：準備、実行、顕在化、終了　58

（3）サイバー攻撃における領域区分　59

2－5　能動的サイバー防御の発展　62

（1）能動的サイバー防御の概念と定義の変遷　62

（2）米国政府のアプローチ　63

▶①初期のACD戦略：純粋な防御　63

▶②前方防衛・持続的関与への転換：より積極的なACDの採用　67

（3）英国のACD戦略　69

（4）学術界や民間組織における議論　71

▶①ハックバック　71

▶②ACD実施主体の変化：政府主体の対処　73

▶③ACDと攻撃的なサイバー手段の差別化　78

▶④ACDが行われる領域　81

2－6　ACDの実践と課題　82

（1）レッド領域への対処：

攻撃者の利用するドメインやサーバの差し押さえ　83

（2）国際協力と官民協力によるテイクダウン　87

（3）グレー領域への対処：

　　相手側が悪用するコンピュータを奪い返す　89

（4）Hafnium　90

（5）Volt Typhoon　91

第3章　各国のサイバー戦能力

　この章について　96

3－1　国家によるサイバー攻撃　97

　　（1）米軍による攻撃的サイバー作戦の目的と成果　97

　　（2）国家が行うサイバー攻撃　98

　　（3）持続的なサイバー攻撃が狙う効果　101

3－2　サイバー戦能力　103

3－3　米国　104

　　（1）戦略文書　104

　　（2）国家体制　111

　　（3）サイバー戦能力　115

3－4　英国　118

　　（1）戦略文書　118

　　（2）国家体制　122

　　（3）サイバー戦能力　123

3-5 中国 129

（1）戦略文書 129

（2）国家体制 132

（3）サイバー戦能力 137

3-6 ロシア 143

（1）戦略文書 143

（2）国家体制 146

（3）サイバー戦能力 148

第4章　枠組みを捉える

この章について 152

4-1 デジタル空間における安全保障の考え方 153

4-2 搾取を目的としたサイバー攻撃 155

4-3 通常兵器と核兵器による戦略環境 156

4-4 従来の戦略環境とサイバー戦略環境の違い 159

（1）サイバー戦略環境における安全保障 159

（2）サイバー攻撃の拡張可能性と即時性 161

（3）サイバー攻撃が与える累積的な影響 162

（4）継続的な攻防、主導権の奪い合い 165

4－5　サイバー戦略環境における抑止概念の変化　167

4－6　従来の戦争の代替手段としてのサイバー攻撃　169

4－7　サイバー戦略環境における持続性理論　171

4－8　サイバー空間の再構成可能な地形　174

4－9　優位性確保の観点からみた日本の政策　175

　　（1）行動原則による迅速な意思決定と対応　175

　　（2）行動原則を構成する要素　176

　　▶①官民の情報共有メカニズム　176

　　▶②官民連携パートナーシップ　178

　　▶③国際協力を前提とした行動と、規範形成への積極的参加　178

　　▶④インシデントへの迅速な対応とレジリエンスの強化　179

4－10　組織的な能力整備の要素　181

　　（1）攻撃者視点の重要性　181

　　（2）サイバー攻撃能力の要素　183

　　▶①専門的かつ多層的な人材　183

　　▶②エクスプロイト：脆弱性の悪用と種類　185

　　▶③ツール：攻撃の理解　187

　　▶④攻撃の制御と準備のためのインフラ　189

　　▶⑤効果的なサイバー攻撃を実現する組織構造　192

　　▶⑥安定性・効率化と創造性のジレンマ　195

第5章　日本の転換

この章について　200

5−1　サイバー政策をめぐる日本の試行錯誤　201

（1）サイバー空間の安全保障化　201

（2）国民の受容と、攻撃対処の必要性に対する認識向上　204

（3）重要インフラ防護に重きを置いたサイバーセキュリティ政策　205

（4）情報基盤強化・米国との連携から始まったサイバー防衛　208

（5）周辺環境に対する認識の変化　209

（6）戦略文書におけるサイバー防衛の重点化　211

5−2　日米同盟とサイバー防衛における国際連携　215

（1）情報保障と技術・経験の導入　215

（2）サイバー空間上の脅威対処への移行　217

（3）国際協力相手の多様化　219

（4）サイバー外交による国際連携強化　220

5−3　組織の変化からみる環境適応　224

（1）防衛省における体制整備　224

（2）警察における体制整備　227

5−4　サイバー政策をめぐる予算　230

（1）政府のサイバー予算の増加　230

（2）サイバー防衛予算の段階的増加　233

5－5 サイバー安全保障が生み出す相互作用 235

（1）有識者会議における論点 235

（2）制度上の課題 238

5－6 能動的サイバー防御に向けた体制整備 240

（1）国際的な議論に則った能力・対抗手段の保持と国内法整備 240

（2）横断的な情報収集・分析と円滑な対処 243

（3）国際・官民連携を想定した運用 247

（4）政治判断を伴う演習の必要性 249

おわりに 251

第 1 章

能動的サイバー防御
とは何なのか

Japan's Active Cyber Defense

A New Direction for National Security Strategy

こ の 章 に つ い て

●この章は、サイバー安全保障と能動的サイバー防御を起点として、その概念を分析する。また、サイバー分野における日本の国際的な立ち位置について分析する。

●日本政府は2022年の国家安全保障戦略において、サイバー空間における対応をサイバーセキュリティからサイバー安全保障へと転換し、欧米主要国と同等以上の能力整備を目指す方針を示した。これに基づき、能動的サイバー防御の導入を進めており、民間との情報共有強化、通信事業者の情報を活用した攻撃者サーバの検知、そして重大なサイバー攻撃前の攻撃者サーバへの侵入・無害化を柱とする。

●さらに能動的サイバー防御について、誰に・なぜ・何に・どうやって、を軸に分析する。日本の政策をみると、従来では民間を中心とした、被害顕在化後の対処に重点を置いていた。一方、新たな方針では政府の役割を拡大し、被害顕在化前からの積極的な対処を目指している。この転換の背景には、サイバー攻撃被害の拡大、国家が関与する脅威の顕在化、国際的な規範の進展がある。また、国家安全保障戦略が掲げた「欧米主要国と同等」とは何を指すかをみていく。国際的な評価において、日本は国内制度や国際協力関係では高い評価を受けているものの、軍事的サイバー能力やインテリジェンス能力について課題が指摘されている。特に安全保障面での評価が低く、攻撃的能力の不透明さや防衛力の米国への依存が指摘されている。

1-1 能動的サイバー防御とは

　日本政府は、2022年の国家安全保障戦略において、サイバー安全保障を強化し欧米主要国と同等以上の能力を整備することと、能動的サイバー防御の方針を示した。この能動的サイバー防御は、欧米主要国並みに日本のサイバー能力を高めるものと位置づけられている。

　国家安全保障戦略は、能動的サイバー防御の導入に向けた取り組みとして次の3つの柱を示した。その柱とは、（1）サイバー攻撃等に関する民間との情報共有・対処調整・支援等の強化、（2）通信事業者の情報を活用した、攻撃者が悪用するサーバ等の検知、および（3）重大なサイバー攻撃前の攻撃者のサーバ等への侵入・無害化である。これらは、日本版能動的サイバー防御として政府が実施する活動を具体的に示したものである。一方、この日本版能動的サイバー防御に対しては、定義が不明である、これまでの取り組みと何が違うのか、通信の検閲等の監視につながるのではないか、先制攻撃ではないかといった指摘がある。

　能動的サイバー防御の定義は、国際的に決まったものがない。そこで本書は、この日本版能動的サイバー防御を「国や重要インフラの防御を目的とした活動であり、統合された情報に基づき相手方のコンピュータを検知・特定し、重大なサイバー攻撃被害を未然に防ぐために脅威を無害化するもの」と定義する。そのため、本書は能動的サイバー防御を、相手方にサイバー攻撃を仕掛けて、混乱させたり、破壊したりすることを念頭に置いた活動ではないものと想定

している。また、能動的サイバー防御は過度な通信内容の取得が行われないよう説明責任が問われる最終手段であり、先制攻撃ではなく相手側による攻撃被害の顕在化前の対処であると想定する。

　2022年の国家安全保障戦略が挙げた能動的サイバー防御の3つの柱を、既存の取り組み、新たな要素、課題からみてみる（図1）。重要インフラ等の民間事業者との情報共有・対処調整・支援は、従来内閣サイバーセキュリティセンター（NISC）、JPCERT/CC、情報処理推進機構（IPA）等が行ってきた活動の延長線上にある[1]。具体的には、政府から重要インフラ事業者に対する情報提供を行うCEPTOAR、NISC、JPCERT/CC、またはIPAによるインシデント対応や調整・支援等がある[2]。
　また、通信事業者の保有する情報の活用は、総務省が進める電気通信事業者による積極的セキュリティ対策に関する取り組みの延長線上にある。具体的には、2022年の電気通信事業法の改正によって、サイバー攻撃前の予兆行為が発生した段階で、第三者機関が情報共有や分析をできるようになったことがある[3]。すなわち、最初の2つの柱は、既存の取り組みをより強化するものであるといえる。
　一方、最後の柱である重大なサイバー攻撃の未然排除には、既存の取り組みだけでなく、新たな要素がある。この柱の新たな要素とは、平時における攻撃側の利用するサーバ等に対する侵入・無害化である。この要素は、政府が2018年の防衛大綱で示した、有事に行使するサイバー空間の利用を妨げる能力と比較すると、重大な被害

1　JPCERT/CCは、技術的能力及び専門的な知識・経験を有する日本の組織であり、1996年からコンピュータセキュリティに関わる事象への対応や国内外のインシデント対応組織、関連する組織等との連携を行っている。
2　内閣サイバーセキュリティセンター「重要インフラグループ」（https://www.nisc.go.jp/policy/group/infra/policy.html）；JPCERT/CC「インシデント対応依頼」（https://www.jpcert.or.jp/form/）；情報処理推進機構「届出・相談・情報提供」（https://www.ipa.go.jp/security/todokede/index.html）
3　総務省「（2）電気通信事業者による積極的セキュリティ対策に関する取組」情報通信白書令和5年版、2023年7月14日

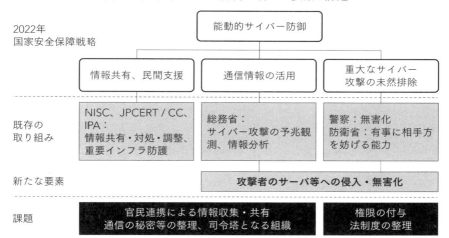

図 1　能動的サイバー防御の新たな要素と課題

出所：筆者作成

が起こる前の平時の段階で国内外に行使する点が新しい[4]。

　また、能力を行使する相手を特定するためには、前述の通信情報の利用が欠かせない。そのため、従来の取り組みを省庁横断で統合する意図もわかる。さらに能動的サイバー防御により行使する能力の程度をみれば、当時の岸田文雄首相は、「措置として実施する能動的サイバー防御が武力の行使に該当することは想定しておらず、専守防衛に反しない」と述べている[5]。そのため、平時における能動的サイバー防御は、能力の国外への行使も視野に入れつつ、直接的に死者、負傷者、重大な破壊行為を引き起こさない程度であることがわかる[6]。

4　日本はサイバー空間の利用を妨げる能力以外にも、相手方に対する働きかけを行ってきた。例えば、法執行機関と各国CSIRT等が連携し、フィッシングやマルウェアの指揮統制に利用されるコンピュータの停止を、サーバを管理する事業者等に依頼するテイクダウンがある。しかしながら、テイクダウンは事業者の協力が必要なことや時間がかかるため、すべての事案に対処できるものではない。JPCERT/CC「国際的なボットネットのテイクダウン作戦」2014年7月18日（https://www.jpcert.or.jp/pr/2014/pr140002.html）
5　「第211回国会　参議院　本会議　第18号」2023年4月26日（https://kokkai.ndl.go.jp/#/detail?minId＝121115254X01820230426&spkNum＝18&single）

一方、国家安全保障戦略はサイバー攻撃を未然排除する役割を担当する組織に言及していない。防衛大綱の有事におけるサイバー空間の利用を妨げる能力に関する記述では、侵入・無害化の実施主体が防衛省・自衛隊であることを想定できた。しかし、この戦略が具体的な組織に言及しなかったのは、2022年12月時点で日本政府がその詳細を決めていなかったからだろう。

この日本版能動的サイバー防御を理解する鍵は、対処を行うタイミングと場所である。本書は日本版能動的サイバー防御の特徴を、平時に大規模な被害を未然に防止するサイバー攻撃対処、重要インフラ保護・情報収集の統合、同盟国・同志国と歩調を合わせた対処にあると指摘する。これまでの自衛隊による大規模なサイバー攻撃への対処は、有事の場合に限られており、政府は被害の顕在化後に対処することを想定していた。2022年の国家安全保障戦略はこの方針を転換し、被害の顕在化前に、民間が保有する重要インフラを保護するために対処する方針とした。

表 1　政府が行う従来の対策と能動的サイバー防御の違い

	従来の対策	能動的サイバー防御
対処のタイミング	被害の顕在化後	被害の顕在化前
場所	政府機関	政府機関と重要インフラ等の民間設備

出所：筆者作成

6　武力の行使としてのサイバー攻撃には様々な解釈がある。例えば、米国務省の法律顧問クー（Harold Hongju Koh）によるものがある。Remarks by Harold Hongju Koh, Legal Advisor U.S. Department of State, "International Law in Cyberspace," USCYBERCOM Inter-Agency Legal Conference, Ft. Meade, MD September 18, 2012

1-2 サイバーセキュリティからサイバー安全保障へ

　日本政府のサイバー空間に対するアプローチの変化は戦略文書の書きぶりにも表れている。国家安全保障戦略は、それまでサイバーセキュリティとしてきた概念を、新たにサイバー安全保障という概念に置き換えたのである。

　結論をいえば、サイバー安全保障の概念は、従来のサイバーセキュリティ対策に能動的サイバー防御を取り入れることによって、既存の取り組みを統合し、政府のサイバー空間上の脅威に対する対処能力を拡大するものである。この能動的サイバー防御に向けて、日本政府は2024年6月から能動的サイバー防御に関する有識者会議を立ち上げ、現状の課題や目指す方向性を議論してきた。その結果、必要な法整備や組織体制の構築が始まっている。

　しかし、サイバー安全保障の必要性や詳細は、漠然としている。例えば、これまでのサイバーセキュリティ政策と何が違うのか、なぜ能動的サイバー防御を取り入れる必要があるのか、またはサイバー安全保障を導入するには何が課題なのかといった議論が続いていることが、未だ必要性や詳細がみえていないことを表している。これに対して答えるとすれば、これまでとの大きな違いは、従来政府が推進してきた情報セキュリティやサイバーセキュリティと比較して、安全保障の概念を優先していることである。その出発点は、2000年以降の情報セキュリティ・サイバーセキュリティ政策や2013年の国家安全保障戦略において、サイバー空間の防護が不可欠であると宣言したことに見出すことができる。

1-3 誰に・なぜ・何に・どうやって

　本書では、日本のサイバー戦略や政策を読み解く際に、「誰に」「なぜ」「何に」「どうやって」を軸としてみていく。というのも戦略や政策には様々な定義があり、国家は戦略文書において目標とそれらを達成するための手段をつなぐ論理展開を記載している。戦略の定義には、例えば、米国の統合参謀本部は国家安全保障戦略を「国家の能力を開発・応用・調整して安全保障に資する目的を達成するために米国大統領が承認した文書」と定義している[7]。また、企業における戦略の定義は、「組織がその目的を達成する方法を示すような、資源展開と環境との相互作用の基本的なパターン」となっている[8]。そこで、本書は戦略が示す、「誰に」「なぜ」「何に」「どうやって」の要素に着目し、その変化を捉えることで、日本のアプローチの変化を読み解こうとしている。

　日本政府は、サイバー分野に関する戦略を、2006年以降、継続的に更新してきた。これらの文書は、大きな変化がない軸と大きく変化した軸がある。これらの戦略において、「誰に」は基本的に変化していない。いずれの戦略も、国民向けの戦略である。一方、この20年間「なぜ」「何に」「どうやって」の軸は変化してきた。

　まず、2006年の第1次情報セキュリティ基本計画では、情報技術（IT）を安全安心に活用することを、基本理念の共有、官民連携モ

7　US Joint Chiefs of Staff, "Joint Publication 1-02 Department of Defense Dictionary of Military and Associated Terms," February 15, 2016, p.163（https://apps.dtic.mil/sti/pdfs/AD1024397.pdf）

8　チャールズ・W・ホファー、ダン・シェンデル『戦略策定：その理論と手法』奥村昭博他訳、1981年、千倉書房

1-3 誰に・なぜ・何に・どうやって | 25

表2 日本のサイバーセキュリティ戦略の焦点

	2000年代	2010年代	2020年以降
誰に	国民に		
なぜ	社会経済を守るため	社会経済、安全保障	社会経済、安全保障
何に	サイバー犯罪、情報漏洩、重要インフラ保護	深刻化するリスク、国家が関与する脅威の顕在化、国際的な規範	デジタル改革、安全保障、SDGs
どうやって	情報技術を安全安心に活用して	費用から投資への転換、2020年・その後に向けた基盤形成、サイバー空間における積極的平和主義	DXとサイバーセキュリティの同時推進、安全安心の確保、安全保障の観点からの取り組み、サイバー安全保障

出所：筆者作成

デル、および情報セキュリティ先進国になることによって実現することを目標としていた。日本における最初の情報セキュリティに関する戦略文書では、サイバー犯罪対策と情報漏洩の防止、重要インフラの機能を保護することを重視していた。また、官民の連携を重視し、それまでの各組織に閉じた対症療法的な縦割り構造を問題視していた[9]。

次に、2013年のサイバーセキュリティ戦略では、安全なサイバー空間を、情報の自由な流通の確保、深刻化するリスクへの新たな対応、リスクベースによる対応の強化、社会的な責務をふまえた行動と共助によって実現することを掲げた。この社会的な責務をふまえた行動と共助においては、各主体が役割を担うことによってサイバーセキュリティを確保することを指針としており、自助として企業等が自身のコンピュータやネットワークの防護対策を強化したり、

---

9 情報セキュリティ政策会議「第1次情報セキュリティ基本計画『セキュア・ジャパン』の実現に向けて」2006年2月2日、p.6（https://www.nisc.go.jp/pdf/policy/kihon-s/bpc01_ts.pdf）

26 | 第1章 能動的サイバー防御とは何なのか

共助として企業や様々な組織体が相互に助け合うことに焦点を当てたりしていた。一方、政府による公助が全体に占める割合は限定的であったといえる[10]。

1-4 国際情勢に追いつくための日本の変化

　日本のサイバー空間へのアプローチが転換したのは、この2013年頃である。この頃、日本は安全保障政策の転換を行うべく、国家安全保障戦略を策定した。この国家安全保障戦略は、サイバー空間の防護を安全保障上の課題として位置づけた。

　この背景にあるのは、サイバー攻撃による被害の拡大、国家が関与する脅威の顕在化、そして国際的な規範の進展であった。サイバー攻撃被害は、日本では三菱重工業に対するサイバー攻撃による情報漏洩、韓国での金融機関や放送局でのシステム障害など、規模が大きくなってきていた[11]。また、2010年にイスラエルと米国が開発したマルウェアのStuxnetがイランの核関連施設に被害を与えたことや、2013年には米国企業のMandiant（マンディアント）が、サイバー攻撃を行うグループAPTを中国人民解放軍61398部隊であると指摘した[12]。このことは、国家が関与するサイバー攻撃が拡大してきたことを反映している。

　そのため、多くの国がサイバー空間における国際ルールを議論し

---

10 内閣サイバーセキュリティセンター「サイバーセキュリティ戦略」2021年9月28日、p.11（https://www.nisc.go.jp/pdf/policy/kihon-s/cs-senryaku2021.pdf）

11 三菱重工業「コンピューターウイルス感染に関する調査状況について（その2）」2011年10月24日（https://www.mhi.com/jp/notice/1504034_14475.html）；Chris Wang, "Hackers attack DPP's presidential campaign office," Taipei Times, August 10, 2011（https://www.taipeitimes.com/News/front/archives/2011/08/10/2003510374）

12 Mandiant, "APT1：Exposing One of China's Cyber Espionage Units," 23 June 2015（https://www.mandiant.com/resources/reports/apt1-exposing-one-chinas-cyber-espionage-units）

始めた。例えば、2007年から国連では日本を含む国々による政府専門家会合（Group of Governmental Experts：GGE）が議論を行っていた。2012年から2013年にかけて行われたGGEでは、サイバー空間への既存の国際法、国連憲章が適用可能、人権、基本的自由を考慮して安全確保、自国内での国際的不法行為を行わせないことなどを議論していた。

　また、欧米や日本は2011年からサイバー空間に関する国際会議を開催し、2011年のロンドン以降、ハンガリーのブダペスト（2012年）、韓国のソウル（2013年）、オランダのハーグ（2015年）、インドのデリー（2017年）で議論が行われた。

1-5 欧米主要国並みとは何を指すのか

　ここまでみたように、2010年代に日本政府はサイバー空間における問題を安全保障上の問題であると位置づけ、2022年に対応能力を欧米主要国同等程度以上に向上させることを新たな目標とした。2022年の国家安全保障戦略が提示したこの方針と目標は、「何を」「どうやって」の観点からみれば、サイバー空間における安全保障を、サイバー安全保障という概念の導入と日本版能動的サイバー防御の採用によって実現しようとしていることを示している。

　サイバー安全保障という概念を導入したことは、各所管省庁の所管する分野ごとに、官と民が役割分担することでサイバーセキュリティを強化する方針から、政府の関与を強め、サイバー空間における問題を安全保障上の問題として取り扱う方針を示したといえる。

　能動的サイバー防御は、起こりうるサイバー攻撃が安全保障上の問題になると政府が判断したとき、攻撃による被害の顕在化を未然

に防ぐものである。この能動的サイバー防御は、従来は被害の顕在化後に対処していたサイバー攻撃に、被害の顕在化前から所管省庁の違いや官と民の役割分担を超えて、政府機関が対応を行う方針を示している。

　また、能動的サイバー防御の特徴は、それまでサイバーセキュリティ戦略で示されていた自助や共助に基づく民間中心の対応と比較して、政府の役割が大きくなったことである。例えば、これまで国内の重要インフラに対してサイバー攻撃が行われたとき、最初に対処するのは重要インフラを運営する民間企業等であった。その後に警察による捜査やJPCERT/CCのような専門組織による対処・調整もあるが、これらはいずれも被害が起こった後やそれらが顕在化した後のサイバー攻撃対処をどうするかという観点である。

　能動的サイバー防御では、大規模な被害が顕在化する前に、政府が対処を開始する。この被害顕在化前の対処は、既に米国が行っている脆弱な状態で放置されたコンピュータに対する保護措置の適用が前例としてある。米国政府は2021年のHafnium、2024年のVolt TyphoonやFlax Typhoonといったグループへの対処において、この措置をとった。これらの対処が狙っている効果は、相手側の優位性を奪うことである。サイバー攻撃を行おうとする者は、脆弱な状態で放置された家庭用ルータやサーバを乗っ取り、自身のコントロール下に置くことがある。その後に攻撃者は、乗っ取った多数のコンピュータを悪用することで、自身の攻撃活動を隠匿したり、大量の攻撃を同時に仕掛けたりすることが可能となる。これに対して米国政府は、本書でこれから述べていくように悪用対象のコンピュータを積極的に対処していくことで、攻撃者の優位性を低下させているのである。

　すると、被害顕在化前から相手側に働きかけていく能動的サイバ

ー防御能力の整備が、日本の対応能力を欧米主要国と同等程度以上に向上させるために欠かせないことがわかる。これは2010年代から欧米で進められてきたアクティブ・サイバーディフェンス（Active Cyber Defense：ACD）への転換に、日本が追いつくことを意味している。

これまでも述べてきたが、呼称をサイバーセキュリティからサイバー安全保障に変えたことは、安全保障を念頭に置いた取り組みを拡大することを意味している。すなわち、政府はサイバー空間が関係する問題の対処において、重要インフラや社会機能の維持を念頭に置いていた重点を拡大し、安全保障に影響する課題への対処を包含していくだろう。元内閣審議官、NISC副センター長であった三角育生も、サイバー安全保障はサイバーセキュリティより広い概念であると指摘している[13]。

（1）日本は地域のロールモデルとなりうるのか

ここからは、欧米主要国と同等またはそれ以上を目指そうとしている日本の位置づけについて分析する。これは、日本の能力を伸ばす方向性と、活かす方向性を知るのに有用である。

海外からみたとき、日本に対する評価は分かれる。その原因のひとつは、サイバーセキュリティを評価する際、安全保障に関する項目の比重が大きくなったことがある。日本のサイバーセキュリティをめぐる政策は、重要インフラ保護等の民生分野を中心に発展してきた。この経緯は、欧米における軍やインテリジェンス関係組織が主導して政策を立案してきた経緯とは異なる。

---

13 三角育生「我が国のサイバー／情報セキュリティ政策の変遷　組織・戦略編」2023年7月24日、p. 3
（https://www.j-cic.com/pdf/report/The-History-of-Japan-Cyber.pdf）

日本のサイバーセキュリティに関する取り組みが評価されている分野は、国内制度や国内外での協力関係である。例えば、国連の専門機関の一つであるITU（国際電気通信連合）が国別にサイバーセキュリティの状況を評価するグローバル・サイバーセキュリティ・インデックス（Global Cyber Security Index：GCI）は、法制度、技術、組織、能力開発、および国内外の協力関係について、150カ国の取り組みを評価している。日本は、2024年に行われた評価において法制度と組織は満点であった[14]。また、GCIは日本について、すべての項目で高い評価を得ている地域のロールモデルであると評価している。

過去のGCIにおいて、日本はすべての評価項目で高い評価を得てきた。2020年の評価では、法制度、人材育成、および協力体制は満点であり、日本は7位にランキングされた。それ以前は、14位（2018年）、11位（2017年）、5位（2015年）であり、上位にランキングされ続けている。

その他にも、日本のサイバーセキュリティを高く評価する調査がある。例えば、オーストラリアのシンクタンク、オーストラリア戦略研究所（Australian Strategic Policy Institute：ASPI）が発行したサイバー成熟度調査（Cyber Maturity in the Asia Pacific Region）は、アジア太平洋地域の25の国・地域において日本を2位と位置づけた[15]。この調査は、サイバー空間に関するガバナンス、犯罪、軍事、ビジネス、および社会の観点から各国を評価している。なかでも日本が評価された項目は、国際的な議論への関与、CERT（コンピュータ緊急対応チーム）の能力、インターネット普及率などであった。

---

14 ITU-D, "Global Cybersecurity Index 2024 5th Edition," September 12, 2024（https://www.itu.int/dms_pub/itu-d/opb/hdb/d-hdb-gci.01-2024-pdf-e.pdf）

15 Australian Strategic Policy Institute, "Cyber Maturity in the Asia Pacific Region 2017," December 12, 2017（https://www.aspi.org.au/report/cyber-maturity-asia-pacific-region-2017）

一方、ASPIが行った評価のうち、課題として指摘したのは軍事に関する項目であった。日本の課題として、人員不足、憲法の制約、防衛産業の保護を挙げていた。また、政府がサイバー空間における紛争に関する方針を示すことなどを指摘していた。

（2）サイバー分野の安全保障に関する評価が低い日本

日本の評価が低いのは、安全保障や防衛分野である。例えば、欧米のシンクタンクや大学による安全保障分野を加味した項目では、日本に対する評価は中程度以下である。

英国のシンクタンク国際戦略研究所（International Institute for Strategic Studies：IISS）は、各国のサイバーセキュリティに加えて、国際安全保障、経済競争関係、および軍事をめぐるエコシステムの観点から能力を比較し、2021年6月に報告書を発行した[16]。この報告書は、各国のサイバーセキュリティ対策に加えて、国際安全保障、経済競争関係、および軍事をめぐるエコシステムの観点から各国の能力を比較していることが特徴である。評価対象となった15カ国は、米国、英国、カナダ、オーストラリア、フランス、イスラエル、日本、中国、ロシア、イラン、北朝鮮、インド、インドネシア、マレーシア、およびベトナムである。この報告は分析結果に基づき各国を、最も評価の高いTier Oneから評価の低いTier Threeに分類した。

IISSによる評価は、日本を最も評価の低いTier Threeに位置づけた。その理由として、日本のデジタルエコノミーはエコシステムとして非常に良いが、インテリジェンスや攻撃的能力に欠けると指摘した[17]。また、日本は良い能力を有しているが能力開発や利用を躊躇していることが挙げられている。

---

16 International Institute for Strategic Studies, "Cyber Capabilities and National Power: A Net Assessment," June 28, 2021（https://www.iiss.org/research-paper/2021/06/cyber-capabilities-national-power/）

この報告書の中で、日本は、インターネットに関連するハイテク産業において世界的に主導する立場にあると位置づけられている。また、報告書は憲法第21条の通信の秘密、憲法第9条による国際紛争を解決する手段としての武力行使を放棄していることを指摘し、日本はサイバー空間における攻撃的能力が全くない、とも指摘していた。

さらに、日本がTier Threeと評価された理由は、軍事分野における攻撃的能力についての不明点が多かったことと、米国への防衛力の依存にある。この時点で防衛省は、サイバー空間における攻撃的能力について、防衛大綱・中期防衛力整備計画にある「相手方のサイバー空間の利用を妨げる能力」の整備を進めていたが、能力や行使の結果は、他国と比べて不透明であったといえる。また、IISSの研究者は、日本には憲法や能力上の制約により積極的なインテリジェンス収集における課題があると判断している。さらに日米防衛協力のための指針（ガイドライン）や日米安全保障条約第5条におけるサイバー分野の記述は、米国の解釈に依存する部分があり、能力上の不安要素として評価されたと考えられる。

一方、IISSによって高い評価を得たのは、他国との連携やサイバー外交の推進である。具体的には、これまで日本が行ってきた二国間・多国間対話、国連の政府専門家会合への参加、およびNATOサイバー防衛協力センターへの参画を指摘している。また、東南アジア地域における能力開発の事例として、日ASEANサイバーセキュリティ能力構築センター（ASEAN-Japan Cybersecurity Capacity Building Centre：AJCCBC）といった事例を挙げていた。

---

17 International Institute for Strategic Studies, "Cyber Power - Tier Three, Japan"（https://www.iiss.org/globalassets/media-library---content--migration/files/research-papers/cyber-power-report/cyber-capabilities-and-national-power---japan.pdf）; International Institute for Strategic Studies, "Report launch: 'Cyber Capabilities and National Power: A Net Assessment'," June 28, 2021（https://www.iiss.org/events/2021/06/cyber-capabilities-report-launch/）

また、米国のハーバード大学ケネディスクール・ベルファー科学国際問題センターが発行した国家サイバーパワー・インデックス（National Cyber Power Index：NCPI）は、日本を含む30カ国を対象にサイバー空間における意図と能力に関する評価を行った[18]。この評価において、日本は2022年に16位、2020年に9位に位置づけられた。NCPIの評価指標は、国際機関における活動や各国政府が発行する政策文書をもとに、監視や防衛といった8分野について、意図と能力の観点からみた評価を行っている。

　NCPIが評価対象としている、国家がサイバー空間における能力を運用する目的は、（1）国内グループの監視とモニタリング、（2）サイバー防衛力の強化と充実、（3）情報環境の制御と操作、（4）国家安全保障のための外国人の情報収集、（5）商業的利益または国内産業の成長の促進、（6）敵国のインフラと能力の破壊と無効化、および（7）国際的なサイバー規範と技術基準の策定である。これらをみるとNCPIは、先のITUのGCIとは性質の異なる指標を採用していることがわかる。

　さらに、NCPIが評価しようとしている意図と能力の観点も興味深い。NCPIは、国家が取り組む課題の優先付けを評価するCyber Intent Index（CII）と、能力を評価するCyber Capability Index（CCI）を設けている。これらの観点を言い換えれば、CIIは国家がサイバー能力を使って目的を達成する意図を持っているか、CCIは国家が目的を達成するためのサイバー能力を持っているかの二つの観点である。

　NCPIによる日本の評価をみると、強みとして評価されているのは、（5）商業的利益または国内産業の成長の促進と（7）国際的な

---

18 Harvard Kennedy School Belfer Center for Science and International Affairs, "National Cyber Power Index 2022," September 2022（https://www.belfercenter.org/publication/national-cyber-power-index-2022）; Harvard Kennedy School Belfer Center for Science and International Affairs, "National Cyber Power Index 2020," September 2020（https://www.belfercenter.org/publication/national-cyber-power-index-2020）

サイバー規範と技術基準の策定であった。サイバー防衛力についても英国、オランダ、フランス、米国、中国に次いで6位であった。しかし、攻撃的な能力や諜報法能力は低い傾向にある。そして、サイバー空間における能力を用いて目的の達成を追求する意図に関する評価が低かった。

　中国からみた評価としては、日本がサイバー戦能力の整備に向けた道筋を整えているとの評価もある。人民解放軍の中国軍網の報道によると、日本は、新興分野における発言権と主導権を握ることを狙って自衛隊のサイバー分野における能力向上を目指していると指摘している[19]。また、近年の自衛隊サイバー防衛隊の動向や、欧米やアジアの国々、QUAD（日米豪印の枠組み）、ASEAN（東南アジア諸国連合）といった国際的なサイバー分野での連携を、日本のサイバー空間における秩序構築に向けた試みと評価している。

---

19 中国軍網「日在網絡空間布局造勢」2022年4月1日（http://www.81.cn/gfbmap/content/2022-04/01/content_312769.htm）

第 2 章

サイバー空間における趨勢

Japan's Active Cyber Defense

A New Direction for National Security Strategy

この章について

●本章は、サイバー空間における脅威や、攻撃と防御をめぐる趨勢を分析する。まず、サイバー空間における脅威の趨勢として2010年代後半におけるランサムウェアなどの技術的な脅威の変化、経済的な目的から国家の主導する目標へと変化する行為者（アクター）の目的をみる。次に攻撃と防御をめぐる趨勢として、各国の能動的サイバー防御の採用、これまでに国家が実行したサイバー攻撃についてみていく。

●サイバー空間における脅威は2000年以降、個人による攻撃から組織的な攻撃へと変化し、その目的も経済的利益から国家支援による戦略的な目的へと変化した。本章は、これらの変化に対応するために米国が2010年代からACD（アクティブ・サイバーディフェンス）を採用するとともに、2018年には前方防衛と持続的関与という新たな戦略へと発展させたことをみていく。

●さらに、米国の対応は、当初のC2サーバやドメインの差し押さえから、より積極的な防御へと進化している。本章では具体的なACDの事例として、2021年のHafnium対策や2024年のVolt Typhoon対策をみていく。これらは、裁判所の許可を得た上で、攻撃者に乗っ取られた民間のコンピュータやルータの制御を奪回する作戦であった。

2-1 複雑化するサイバー空間における 防護策と脅威

　現代社会において、情報通信技術は社会経済の根幹を支える重要な役割を担っている。日常生活におけるニュースの閲覧やチケット購入、ソーシャルメディアを通じた交流から、自動車や食料品、医薬品の製造、さらには電力、ガス、水道、通信、石油化学プラントといった重要インフラの制御に至るまで、その影響は広範囲に及んでいる。

　しかし、この技術への依存度が高まるにつれ、システムの不具合がもたらす影響も甚大になった。2024年7月に発生したマイクロソフト製品の障害は、その顕著な例である。この障害は世界中の空港、鉄道、金融機関、医療機関、ホテル、テレビ局など、広範囲におよび、フォーチュン500企業だけでも約54億ドルの被害をもたらした[20]。

　この事案では、一部のWindows10とWindows11で動作しているコンピュータが自身の不適切な動作を検知して再起動やセーフモードでの起動を繰り返し、通常の動作ができなくなった。また、マイクロソフトのクラウド上で動作していた仮想マシンも再起動を繰り返す事態となった。マイクロソフトの発表によると、この障害は全世界の850万台のWindowsで動作するコンピュータに影響を与えたという[21]。

20　Parametrix, "CrowdStrike's Impact on the Fortune 500 An Impact Analysis,"（https://cdn.prod.website-files.com/64b69422439318309c9f1e44/66a24d5478783782964c1f6f_CrowdStrikes％20Impact％20on％20the％20Fortune％20500_％202024％20_Parametrix％20Analysis.pdf）
21　Microsoft, "Helping our customers through the CrowdStrike outage," July 20, 2024（https://blogs.microsoft.com/blog/2024/07/20/helping-our-customers-through-the-crowdstrike-outage/）

この障害の原因は、サイバー攻撃から情報システムを守るはずのセキュリティソフトの不備にあった。サイバーセキュリティ企業クラウドストライク（CrowdStrike）が同社のFalcon Sensorというウイルス対策ソフトのアップデートを適切にテストしておらず、不備に備えて段階的に配布することを行っていなかったことが問題を引き起こしたのである[22]。

このソフトウェアは、マルウェアやセキュリティ侵害を示す可能性のある不審な活動を検知するものであり、PCやサーバなどのシステムの深いレベルまでアクセスする権限を持って動作する。そのため、このソフトウェアが稼働するWindows端末が正常に動作しなくなったことで障害が起きたのである。

この事件は、情報システムの脆弱性と、重要なITシステムやサービスを他社に依存することのリスク、さらには障害発生時の対応手順やバックアップシステムの欠如を浮き彫りにした。日本では航空会社ジェットスター・ジャパンの搭乗手続きや手荷物預け機に使用するシステムが使えなくなり、成田空港を含む国内各地の空港で30便が欠航する事態となった[23]。さらに、JR西日本、セブン−イレブン、大同生命においてもCrowdStrikeによるシステム障害の影響が出た[24]。

米国における影響は、さらに深刻であった。デルタ航空やアメリカン航空などが運航を停止し、数千便が欠航、大幅な遅延が発生した。特にデルタ航空は、システム障害発生以来、5,500便以上が欠航する事態となった。また、オレゴン州、アラスカ州、オハイオ州な

---

22 CrowdStrike, "External Technical Root Cause Analysis — Channel File 291," August 6, 2024 （https://www.crowdstrike.com/wp-content/uploads/2024/08/Channel-File-291-Incident-Root-Cause-Analysis-08.06.2024.pdf）
23 NHK「ジェットスター システムトラブル 20日ほとんどの便運航へ」2024年7月20日（https://www3.nhk.or.jp/shutoken-news/20240720/1000106609.html）
24 NHK「【19日詳細】世界各地でシステム障害 空港など影響 国内でも」2024年7月19日（https://www3.nhk.or.jp/news/html/20240719/k10014516561000.html）

どで緊急通報システムが影響を受け、通常とは異なる電話番号を利用せざるを得なくなったり、警察車両の車載端末のシステムが利用できなくなったりした[25]。

さらに、この混乱に乗じて、フィッシングなどの新たな攻撃を仕掛ける者も現れた。米国のサイバーセキュリティ・インフラストラクチャセキュリティ庁（CISA）は、この状況をうけて迅速に情報を提供し、CrowdStrikeによる事象を利用して別の攻撃者がフィッシングなどの行為を行っていることを周知した[26]。また、南アメリカを拠点とするCrowdStrike製品の利用者を標的として、悪意のあるファイルを拡散しようとする試みもあったという[27]。

このインシデントは、世界的に展開する大手サイバーセキュリティ企業への依存が、広範囲にわたるサービス停止を引き起こす可能性があることを示した。しかし、現代の高度に複雑化したシステム環境において、すべてのサービスやセキュリティを自前で賄うことは現実的ではない。多くの企業は、サイバーセキュリティリスクに対応するために、サードパーティ製のITソリューションを利用してデバイス、ネットワーク、データを保護している。

2-2 サイバー攻撃による被害の拡大

　一方、サイバー攻撃によって意図的に起きた被害の規模も大きく

25　US Congressional Research Service, "IT Disruptions from CrowdStrike's Update: Frequently Asked Questions," July 24, 2024（https://crsreports.congress.gov/product/pdf/R/R48135）

26　US Cybersecurity and Infrastructure Security Agency," August 6, 2024（https://www.cisa.gov/news-events/alerts/2024/07/19/widespread-it-outage-due-crowdstrike-update）

27　CrowdStrike, "Likely eCrime Actor Capitalizing on Falcon Sensor Issues," July 20, 2024（https://www.crowdstrike.com/blog/likely-ecrime-actor-capitalizing-on-falcon-sensor-issues/）

なっている。例えば、2021年5月7日、米国の石油パイプライン企業コロニアル・パイプライン（Colonial Pipeline）はランサムウェアによるサイバー攻撃を受け、業務全体を一時停止したことを発表した[28]。この攻撃は5月6日に始まり、攻撃者が同社のデータ約100GBを窃取したといわれている。同社は米国東海岸の燃料供給の約45％を担うパイプラインを運用しており、その全面停止は米国のエネルギーインフラに対する最大規模のサイバー攻撃として注目を集めた。

攻撃者はロシアを拠点とする犯罪組織とわかった。米連邦捜査局（FBI）は、DarkSideというランサムウェアグループを攻撃者として特定した[29]。バイデン（Joseph R.Biden Jr.）大統領は、このグループはロシアを拠点としているものの、ロシア政府は関与していないことを明らかにした[30]。

これにより国同士の争いにはならなかったが、サイバー攻撃により被った被害は深刻であった。攻撃に使われた侵入経路は、適切に更新されていなかったリモート接続用機器であり、複雑なパスワードが使用されていたものの、既に侵害されていたため適切に保護されていなかったことが判明した。また、複数の認証方法を組み合わせる多要素認証が使用されていなかったことも明らかになった[31]。

報道によれば、この被害を受けてコロニアル・パイプラインは約500万ドル（約7億5,000万円）相当の暗号資産を身代金として攻撃者

---

28 Colonial Pipeline "Media Statement: Colonial Pipeline System Disruption," May 17, 2021（https://www.colpipe.com/news/press-releases/media-statement-colonial-pipeline-system-disruption）

29 US Federal Bureau of Investigation, "FBI Statement on Compromise of Colonial Pipeline Networks," May 10, 2021（https://www.fbi.gov/news/press-releases/fbi-statement-on-compromise-of-colonial-pipeline-networks）

30 The White House, " Remarks by President Biden on the Colonial Pipeline Incident," May 13, 2021（https://www.whitehouse.gov/briefing-room/speeches-remarks/2021/05/13/remarks-by-president-biden-on-the-colonial-pipeline-incident/）

31 US Senate, "HEARING BEFORE THE UNITED STATES SENATE COMMITTEE ON HOMELAND SECURITY & GOVERNMENTAL AFFAIRS Testimony of Joseph Blount, President and Chief Executive Officer Colonial Pipeline Company," June 8, 2021（https://www.hsgac.senate.gov/wp-content/uploads/imo/media/doc/Testimony-Blount-2021-06-08.pdf）

に支払ったといわれている[32]。その後、FBIが身代金の一部（63.7BTC、約230万ドル相当）を回収したことが公表された[33]。

　この影響は情報システムやパイプラインにとどまらなかった。同社のパイプラインの停止により、一部地域で燃料不足や価格高騰の懸念が発生した。その後、同社は5月12日にパイプラインの運用を再開し、15日までに供給網全体を復旧させた。

　このインシデントは、重要インフラに対するサイバー攻撃が引き起こす深刻な影響を示し、セキュリティ対策の重要性を再認識させる契機となった。さらに、ランサムウェアをサービスとして提供するコミュニティにも影響を与えた。すなわち、コロニアル・パイプラインの被害が国際的な注目を集めたことにより、米国政府が資産を差し押さえ、関係者の追跡と摘発を強力に進めるきっかけとなり、一部のオンラインフォーラムがランサムウェア関連の投稿を禁止するなど、サイバー犯罪のエコシステムにも変化をもたらしたのである[34]。

　このインシデントをめぐって、米議会では公聴会が開かれた。コロニアル・パイプラインの最高経営責任者は、米議会上院の公聴会で、同社が機器に設定していたVPN（Virtual Private Network）のパスワードは複雑であったものの既にシステムが侵害されていたこと、多要素認証を使用していなかったことなどを説明した。また、身代金の支払いについても公表し、社会的影響を考慮した上での判断だったと述べている。

32　CNBC, "Colon al Pipeline paid $5 million ransom to hackers," May 13, 2021（https://www.cnbc.com/2021/05/13/colonial-pipeline-paid-ransom-to-hackers-source-says.html）

33　US Department of Justice, "Department of Justice Seizes $2.3 Million in Cryptocurrency Paid to the Ransomware Extortionists Darkside," June 7, 2021（https://www.justice.gov/opa/pr/department-justice-seizes-23-million-cryptocurrency-paid-ransomware-extortionists-darkside）

34　Intel471, "The moral underground? Ransomware operators retreat after...," May 14, 2021（https://intel471.com/blog/darkside-ransomware-shut-down-revil-avaddon-cybercrime）

日本においてもランサムウェアによる被害は大きくなっている。
例えば、名古屋港のシステムがランサムウェアの被害に遭い、物流
網に大きな影響が出た[35]。2023年7月4日、名古屋港統一ターミナル
システムがランサムウェアによる攻撃を受け、重大なシステム障害
が発生した。この攻撃により、物理サーバおよび全仮想サーバがラ
ンサムウェアに感染し、約2日半にわたってコンテナの搬出入作業
が停止するなど、港湾の物流運営に甚大な支障をきたした[36]。

　このサイバー攻撃の侵入経路も、リモート接続用機器の脆弱性を
悪用したものであったといわれている。この事態により、約1万
5,000のコンテナの搬出入作業が停止し、トヨタ自動車をはじめとす
る地域の産業にも影響が波及した。

　被害を受けたシステムの復旧には予想以上の時間を要した。復旧
の遅延となった要因は、バックアップサーバからもランサムウェア
が検出されたことである。この事態を受けて、国土交通省は有識者
を含めた検討委員会を設置し、セキュリティ対策の強化を図ること
となった[37]。この委員会では、リモート接続用機器の脆弱性対策、
高度なセキュリティソフトの導入、複数のバックアップ取得の重要
性などが指摘された。さらに、政府は法改正を行い、港湾をサイバ
ーセキュリティ基本法の重要インフラ分野や経済安全保障推進法の
対象事業に指定し、セキュリティ対策の強化を行うこととなった[38]。

35　名古屋港運協会「名古屋港統一ターミナルシステムのシステム障害について」2023年7月5日（https://meikoukyo.com/wp-content/uploads/2023/07/165c5b14bf0021d077a4852f0cb232b8.pdf）

36　名古屋港運協会「NUTSシステム障害の経緯報告」2023年7月26日（https://meikoukyo.com/wp-content/uploads/2023/07/0bb9d9907568e832da8f400e529efc99.pdf）

37　国土交通省「コンテナターミナルにおける情報セキュリティ対策等検討委員会取りまとめ」2024年1月24日（https://www.mlit.go.jp/kowan/content/001719866.pdf）

38　内閣府「高市内閣府特命担当大臣記者会見要旨 令和6年5月17日」2024年5月17日（https://www.cao.go.jp/minister/2309_stakaichi/kaiken/20240517kaiken.html）；内閣府「特定社会基盤事業者として指定された者」2024年9月4日（https://www.cao.go.jp/Keizai_anzenhosho/suishinhou/infra/doc/infra_jigyousya.pdf）

2-3 サイバーセキュリティをめぐる変化

（1）脅威の変化

　2000年以降、サイバー空間における脅威は、行為者（アクター）の性質と目的の両面で大きく変化した。1990年代には、個人によるアクターが主流であり、その属性は多岐にわたっていた。例えば、技術レベルに着目してみれば、インターネット上のツールを使って悪戯をするスクリプトキディから、高度な技術を持つクラッカーまで、幅広い層が存在していた。

　しかし、2010年代に入ると、サイバー空間における脅威アクターの活動は、個人から組織へと移行し、技術も洗練されたものになっていった。これは、活動目的が思想、経済、国家の対立を背景としたものに変化したからである。サイバー攻撃を行う組織の規模は、数人から数千人まで様々である。その目的も愉快犯的なものから、思想的、経済的なものまで多岐にわたる。

　思想的な目的を持つハクティビズム活動家の代表例として、アノニマス（Anonymous）が挙げられる。アノニマスは、2010年に発出したプレスリリースで、自身をグループというよりインターネット上の集まりであると定義し、リーダーからの指示よりも、各人の思想によって運用される非常に緩やかで分散的な指揮系統を持つと宣言した。この思想には、政府のインターネット施策への抗議、企業活動への抗議、麻薬組織への対抗、ISISへの攻撃などが含まれる。

　経済的な目的を持つ組織も、大規模な犯罪組織から高度な技術を

持つ少人数のプログラマー集団まで多様である。彼らの目的は経済的利益の獲得であり、ウェブサイトの乗っ取りよりも、検知されずに情報システムに侵入してビットコイン採掘プログラムを仕込むなど、巧妙な手法で利益を得ることに注力している組織もある。また、マルウェアの開発・販売や、感染したPCの有料貸し出しなど、サイバー犯罪のビジネスモデルも多様化している。

その代表的な手法の1つがランサムウェアである。2010年代以降ランサムウェアによる被害は拡大しており、例えば、2017年に150カ国の23万台以上のコンピュータに感染し、保存されていたデータの身代金としてビットコインを要求したランサムウェア、ワナクライ（WannaCry）がある。その後は、ランサムウェアを貸し出すサービス（Ransomware as a Service：RaaS）も登場した。

一方、目的の変化に着目すると、いたずらや経済的な利益の獲得に加えて、国家によるサイバー攻撃が政治的な目的達成のために行われるようになった。具体的には、自国の体制維持や、サイバー攻撃を通じて自国に有利な環境を作り出すことがその目的となる。攻撃は治安組織や軍、または国家から委託を受けた非国家組織が実施するが、特に非国家組織の場合、その背後に国家がいることを特定するのは容易ではない。さらに、サイバー攻撃の発信源となっているコンピュータがある国が、直接その攻撃に関与しているという確証はない。なぜなら、別の国からそのコンピュータを操作している可能性があるからだ。そのため、攻撃の帰属関係を裏付ける証拠を得ることは非常に困難である。

（2）欧米における対応の方針転換

サイバー攻撃を実施するアクターと目的の多様化に応じ、各国も脅威への対応を変化させた。従来のサイバー攻撃への対応は、自ら

の守りを固めるためのサイバーセキュリティ対策の強化であった。その後、2010年代から政府機関や民間組織が攻撃者や攻撃手法を公開し注意喚起するなど、脅威を意識した従来より積極的な対応に転換した。この方針転換の背景には、防御側がサイバー空間で全方位の守りを固めることには限界があり、アクターについて理解を深めることが防御にとって重要であると認識したことがある。

　近年の各国政府が行う脅威を意識した積極的な対応には、企業等の情報システム内でサイバー攻撃に悪用されている脆弱性を修正するよう注意喚起を出すことや、サイバー攻撃を行った人物、組織、または国名を名指しするパブリックアトリビューションがある。さらに、より強い措置である経済制裁、刑事訴追、能動的サイバー防御を行うようになった。

　このうち、脆弱性に関する注意喚起は、時代とともに内容が変化している。具体的には、毎月行われるWindowsの更新のように、ソフトウェア開発者等が脆弱性の修正内容を知らせるだけでなく、政府機関がこれらを取りまとめて攻撃者が悪用する脆弱性として対策を呼びかけるようになった。例えば、米CISAは、サイバー攻撃に悪用されている脆弱性のリストを公開している[39]。

　また、2010年代半ばから欧米諸国や日本が人物、組織、あるいは国名をパブリックアトリビューションによって名指しするようになった。例えば米国は、2014年に起こったソニー・ピクチャーズエンタテインメントへのサイバー攻撃の対抗措置として、攻撃者を北朝鮮に関係する組織・人物と名指しした上で経済制裁を実施した[40]。

39　US Cybersecurity Infrastructure Security Agency, "Known Exploited Vulnerabilities Catalog,"（https://www.cisa.gov/known-exploited-vulnerabilities-catalog）

40　US Federal Register "Blocking the Property of Certain Persons Engaging in Significant Malicious Cyber-Enabled Activities," April 2, 2015（https://www.federalregister.gov/documents/2015/04/02/2015-07788/blocking-the-property-of-certain-persons-engaging-in-significant-malicious-cyber-enabled-activities）

これと同様の国家や組織に対する経済制裁は、核兵器やミサイルなどの大量破壊兵器開発、テロリスト支援、人権侵害、麻薬取引を理由として発動されてきたが、サイバー攻撃もこれらと同様に深刻な脅威とみなされている。

このパブリックアトリビューションの狙いは、攻撃を行った組織や国の行いを周知することにある。例えば英国政府は、その効果として長期間にわたって非難声明を出し手法を公開し続けることで、国民や企業が兆候に気づき、脅威から身を守ることができるようになることを指摘している[41]。

パブリックアトリビューションは、サイバー攻撃に対する国家の重要な対応策である。防衛研究所の瀬戸崇志によると、その目的と意義は主に抑止、対処・防御、規範設定の3点にある[42]。

パブリックアトリビューションによる抑止の観点では、攻撃国を公然と非難し、様々な制裁を課すことで、将来のサイバー攻撃を防ぐことを目指している。これは、武力攻撃には至らないものの、国家の安全を脅かすサイバー攻撃に対しても有効な手段となる。対処・防御の面では、政府機関や専門組織が攻撃者の手法を公表することで、防御側は現在進行中の攻撃への対策や、将来の攻撃に備えたセキュリティ強化に役立てることができる。これにより、たとえ抑止が失敗した場合でも、被害を最小限に抑えることができる。規範設定においては、特定のサイバー攻撃を国際法違反や非道徳的行為として示すことで、サイバー空間における許容されない行為の基準を確立することができる。この取り組みは、将来の国際法形成にも影響を与える可能性がある。

---

41 Dominic Raab, "CYBERUK Conference 2021: Foreign Secretary's Speech," May 12, 2021（https://www.gov.uk/government/speeches/cyberuk-conference-2021-foreign-secretarys-speech）
42 瀬戸崇志「国家のサイバー攻撃とパブリック・アトリビューション：ファイブ・アイズ諸国のアトリビューション連合と SolarWinds 事案対応」NIDSコメンタリー 第179号、2021年7月15日（https://www.nids.mod.go.jp/publication/commentary/pdf/commentary179.pdf）

さらに、パブリックアトリビューションは国際協力を促進する効果もある。特に、米国、英国、カナダ、オーストラリア、およびニュージーランドのファイブ・アイズ諸国を中心とした連携は、各国の対応の信頼性を高め、攻撃国に対するより大きな圧力となる。

一方で、パブリックアトリビューションの戦略には課題もある。サイバー空間における諜報活動への対応は、国家安全保障上の利益との両立が難しい[43]。例えば、諜報活動は国際法上の違反行為ではないことから責任を問うことは難しい。また、攻撃者の手法を公表することで情報機関の能力を露呈させるリスクや、外交関係への悪影響も考慮しなければならない。

しかし、それらが営業秘密の窃取など経済的利益の獲得を目的にしている場合や、重要インフラへの大規模な被害につながる場合、または盗んだ情報を活用した政治的干渉につながる場合には、国家安全保障上の観点から国家はそれらを容認しないだろう。

（3）日本のパブリックアトリビューションへの参加

欧米諸国と日本は、2017年頃から同志国と連携してパブリックアトリビューションを行うようになった（表3）。先に述べたWannaCryに対して、米国、英国、カナダ、オーストラリア、ニュージーランド、日本、およびデンマークは、攻撃者として北朝鮮の朝鮮人民軍偵察総局と関係のあるラザルス（Lazarus）というグループが関与したと名指しした[44]。また、米国、欧州連合（EU）、および日本はLazarusに対して経済制裁を行った。

43　例えば、リビッキ（Martin C. Libicki）等の米欧の専門家たちは、サイバー諜報の中でも例外的に許容し得ない条件を明示する規範の戦略的意義や実現可能性を指摘している。Martin Libicki, "The Coming of Cyber Espionage Norms," 2017 9th International Conference on Cyber Conflict, 2017（https://www.ccdcoe.org/uploads/2018/10/Art-01-The-Coming-of-Cyber-Espionage-Norms.pdf）

44　外務省「米国による北朝鮮のサイバー攻撃に関する発表について（外務報道官談話）」2017年12月20日（https://www.mofa.go.jp/mofaj/press/danwa/page4_003563.html）

48 │ 第2章 サイバー空間における趨勢

表3 日本政府によるパブリックアトリビューション

日付	発表方法	相手国	アクター	内容
2017年12月20日	外務省・外務報道官談話	北朝鮮	言及なし	米国政府による北朝鮮とWannaCryに関する非難声明を支持する外務報道官談話
2018年12月21日	外務省・外務報道官談話	中国	APT10	米国・英国政府が中国政府の支援を受けているAPT10による攻撃を非難したものを支持し、日本においても攻撃を確認しているとした外務報道官談話
2021年4月22日	国家公安委員会委員長記者会見	中国	Tick	警視庁が書類送致した中国共産党員の男に関連した事案について、中国人民解放軍とTickが関与している可能性が高いことを指摘
2021年7月19日	外務省・外務報道官談話、NISC・警察庁による注意喚起	中国	APT40	米国政府がAPT40の構成員4名の起訴を行ったことを支持する外務報道官談話。NISCと警察庁は攻撃に関する注意喚起を発出
2022年10月14日	金融庁・警察庁・NISCによる注意喚起	北朝鮮	Lazarus	国連安全保障理事会北朝鮮制裁委員会専門家パネルの報告書にある北朝鮮とLazarusの関係を支持し、対策を呼びかける注意喚起を発出
2023年9月27日	警察庁・NISCによる注意喚起	中国	BlackTech	米国政府とともに中国政府の支援を受けているBlackTechによる攻撃に関する注意喚起を発出
2024年7月9日	NISC・警察庁の発表	中国	APT40	オーストラリア政府が作成した中国の支援を受けているAPT40に関するアドバイザリに共同署名したことを発表

出所：各種資料から筆者作成

　日本の行ったパブリックアトリビューションは、上記の2017年の案件以降、北朝鮮と中国によるサイバー攻撃に対して行われている。当初は外務省・外務報道官談話として、主に米国によるパブリックアトリビューションを支持する内容であったが、2018年からこ

れらに加えて警察庁、金融庁、内閣サイバーセキュリティセンター（NISC）が注意喚起を行うようになった。さらに、2021年頃から日本政府は、自身が収集した情報をもとにパブリックアトリビューションを行うようになった。

なかでも、警察のアトリビューションにより国家レベルの関与を明らかにした中国人民解放軍と関連した事案の内容は、具体的であった。この事案は起訴や刑事事件化には至らなかったが、警視庁公安部は、中国共産党の男性を私電磁的記録不正作出・同供用罪の疑いで検挙した[45]。

この検挙は、2016年から2017年にかけて行われた宇宙航空研究開発機構（JAXA）に対する大規模なサイバー攻撃に関連して、この男性が中国人民解放軍の指示を受けて日本国内でレンタルサーバの使用契約を締結し売却したことによるものである。実際の攻撃は、警察庁によれば、中国人民解放軍が関与するTickという組織によって実行されたといわれている[46]。検挙の内容は、不正アクセス等のサイバー攻撃に直接関与したものではないが、背後にある組織と日本国内で活動していた男性との関係やサイバー攻撃における役割を明らかにした事例である。

（4）サイバー空間における秩序構築

これまでみてきたように、国家によるサイバー攻撃は国家間の非難の対象となってきた。ではここからは、国家が行うサイバー空間

45　国家公安委員会「国家公安委員会委員長記者会見要旨」2021年4月22日（https://www.npsc.go.jp/pressconf2021/0422.htm）

46　中村格警察庁長官（当時）は「本件事案を通じて契約された日本のレンタルサーバは、JAXA等に対するサイバー攻撃に悪用されました。その後の捜査等を通じて、被疑者・関係者の供述をはじめ数多くの証拠を積み上げることにより、約200の国内企業等に対する一連のサイバー攻撃がTickと呼ばれるサイバー攻撃集団によって実行され、当該Tickの背景組織として、山東省青島市を拠点とする中国人民解放軍戦略支援部隊ネットワークシステム部第61419部隊が関与している可能性が高いと結論付けるに至りました」と述べている。国家公安委員会「国家公安委員会委員長記者会見要旨」2021年4月22日

上での行為のうち、何が許されないのかという観点から、サイバー空間における秩序の構築をみていく。

　各国はサイバー攻撃に対処する一方で、責任ある情報通信技術の利用に向けた規範作りや国際法の適用といった秩序の構築を進めてきた。この秩序構築では、サイバー空間の技術的な側面だけでなく、主権、サイバー攻撃、利用方法などを議論しているため、複雑な議論になる。例えば、どのようなサイバー攻撃が武力行使とみなされ国際法で禁止されるのか、いざとなれば反撃してよいのか、といった論点がある。

　このような状況下で、これまでインターネットガバナンス、規範作り、国際法といった観点から国際的なルール作りが進められてきたが、その過程は従来の国家主導の合意プロセスとは異なる様相を呈している。

　インターネットガバナンスとは、インターネットの健全な運営に関する規則、仕組み、およびその検討・実施体制を指す。インターネットは単一の管理組織を持たず、機能別の管理組織を持ち、個人や組織など様々な主体が直接ルール作りに参加する文化を持って発展してきた。

　国家主導の秩序構築プロセスは、国連での議論や二国間・多国間での協議を通じて行われる。これらの協議を通じて、サイバー犯罪条約の国際条約等が結ばれ、署名・批准した国々が国内法を整備する形で秩序構築が進められる。このプロセスでは、国家が主体となって国際レベルでの交渉を行い、決定に責任を持つ。交渉には国内政策や他国との関係など多くの論点があり、情報収集、意見交換、ロビー活動など様々な局面で国内外の利害関係者（ステークホルダー）を巻き込むことになる。

　しかし、サイバー空間に関する国際的な議論のテーマは、既存の

国際法の適用や利害関係者の範囲など、多くの点で議論が繰り返されている。これらの議論は国連、G7（主要7カ国）サミット、国際会議等で行われているが、特に注目されるのが国連における議論である。国連では、各国の代表や様々な利害関係者がサイバー空間への既存の国際法の適用や新しい規則の確立について議論を重ねてきた。

　インターネットガバナンスと国連等の国家間の合意プロセスの大きな違いは、様々な利害関係者が存在する点にある。インターネットはインフラやサービスの運営において民間が主体となることが多く、個人から組織、国家まで幅広い利害関係者が存在する。さらに、世界各地で利用されるサービスがあることから、個人や民間事業者の国籍も多岐にわたる。このため、政府機関、民間団体、一般企業、技術コミュニティ、国際組織などのメンバーが参加して議論するマルチステークホルダープロセスが必要となるが、意見の取りまとめや利害関係の調整は既存の国家による合意プロセス以上に困難を伴う。

（5）サイバー空間をめぐる国連の議論

　国連におけるサイバーセキュリティの議論は、1998年にロシアが提出した決議「国際安全保障の文脈における情報通信分野の発展」に始まる[47]。この決議は、情報通信技術が国際社会の安定や安全を脅かす可能性について懸念を表明し、情報セキュリティにおける脅威の検討を求めるものだった。そこで国連では、2004年から政府専門家会合（GGE）において国家の立場で議論をするだけでなく、

47　United Nations, "53/70. Developments in the field of information and telecommunications in the context of international security," January 4, 1999（http://undocs.org/A/RES/53/70）

2019年からオープンエンド作業部会（OEWG）において様々なステークホルダーを巻き込んで議論を行った。

GGEにおける議論は、サイバー空間における国家の行動に適用される国際法を確認する道筋を作った。2004年に始まったGGEでは、サイバー空間の利用に関する既存の国際法の適用などについて議論が行われてきた。GGEの参加者は、国連安全保障理事会常任理事国5カ国と世界各地域の国々の代表で構成され、政治的バランスを考慮して調整が行われる。各国からは外交や技術に長けた政府関係者が派遣される。

2015年6月の第4次GGEの報告書は、国家による情報通信技術の利用にあたって、主権平等、平和的な紛争解決等の原則に基づき国際法が適用されるといった内容が記載された[48]。また、既存および今後発生する脅威、国家の責任ある行動のための規範、ルール、原則、信頼醸成措置、国際協力と支援、能力開発、情報通信技術の利用における国際法の適用方法などが検討された。これにより、サイバー空間における行動の何が問題なのかを議論する基盤ができた。

しかし、2017年に行われた第5次GGEでは、参加国が合意することができず、サイバー空間における共通認識について報告書を作成することはできなかった。その理由として、国連憲章の原則と国際人道法の適用がサイバー空間の「軍事化」をもたらすとの懸念や、サイバー攻撃に対する対抗策の在り方について意見が分かれたことが指摘されている[49]。

この議論で合意に至れなかった原因のひとつは、各国のサイバー

48　United Nations, "Group of Governmental Experts on Developments in the Field of Information and Telecommunications in the Context of International Security," July 22, 2015（https://documents.un.org/doc/undoc/gen/n15/228/35/pdf/n1522835.pdf）

49　Arun M. Sukumar, "The UN GGE Failed. Is International Law in Cyberspace Doomed As Well?," July 4, 2017（https://web.archive.org/web/20210505180339/https://www.lawfareblog.com/un-gge-failed-international-law-cyberspace-doomed-well）

空間に対する認識の違いである。例えば、サイバー空間における自衛権は、米国・欧州とロシア・中国で認識が異なる。米国・欧州はサイバー空間における自衛権は既存の国際法に従うという立場である一方、ロシア・中国はサイバー空間では既存の国際法に修正を加えた新しい行動規範が必要だという立場をとっている。これについては次頁で詳述する。

　また、第5次GGEで合意に至らなかった背景には、国連憲章第51条における武力行使と国際人道法の適用がサイバー空間の軍事化につながるという懸念があった。サイバー攻撃に対して通常兵器で反撃することを認めることになるため、一部の国が反対したのである。また、一般市民の保護や戦争の手段を定めた国際人道法を、サイバー空間における作戦に適用するか否かも論点となった。なかには、サイバー攻撃は軍事目標だけでなく民間の重要インフラにも影響を与える可能性があるため、国際人道法に沿った攻撃が困難であるという指摘もあった。

　一方で、米国は第5次GGEの報告書案が、紛争の平和的な解決を示しつつも、国家が合法的にサイバー攻撃に対処する手段を排していると指摘した[50]。また、このような状況について、国家を不安定化させるような活動を阻止することができなくなるだけでなく、国際法によって国家が行う対抗策が制限されるという懸念を示した。第5次GGEの議論は全体としては失敗に終わったものの、脅威や各国の政策などの情報共有方法、サイバー空間における行動の帰属性（アトリビューション）、非国家主体の制限といった内容については一定の進展があったといわれている。

50　Michele Markoff, "Explanation of Position at the Conclusion of the 2016-2017 UN Group of Governmental Experts（GGE）on Developments in the Field of Information and Telecommunications in the Context of International Security," July 23, 2017（https://2017-2021.state.gov/explanation-of-position-at-the-conclusion-of-the-2016-2017-un-group-of-governmental-experts-gge-on-developments-in-the-field-of-information-and-telecommunications-in-the-context-of-international-sec/）

（6）並立する2つの会議

　このような状況の中、国連では、サイバー空間における規範に関して話し合うもう一つの会議が平行して行われた。この会議は、ロシアの提案により2018年12月の国連総会において設立されたOEWGである。GGEとOEWGの並立は、GGEにおける議論への不満から始まった。国連総会第一委員会でGGE参加国であるロシア代表は、GGEがクラブ合意（Club Agreement）になっており、GGE形式での議論はサイバー空間の発展にそぐわないと指摘した[51]。この背景には、ロシアや中国と欧米のサイバー空間に対する考え方のギャップがあり、GGEとOEWGの違いとなっている。

　両者の違いの一つは、前述したサイバー空間における国際法の適用の方向性である。OEWGにおける議論では、2015年の第4次GGEの文書に記載された国際人道法の原則（人道、必要性、均衡性、区別）のサイバー空間への適用について、議論を仕切り直そうとする動きがあった。中国は、2019年9月11日のOEWGにおいて国際人道法（jus in bello）と武力行使に関する法（jus ad bellum）をサイバー空間に適用することは法的にも技術的にも難しいと指摘していた[52]。また、サイバー攻撃に利用される兵器の不拡散を議題として取り扱うか、情報通信分野の汎用性をどう評価するか、常設機関を設置するかといった議題もOEWGで挙がっていた点が特徴である。

　2019年以降、国連ではGGEとOEWGが並立して議論を行った。

51　UN Web TV, First Committee, 31st meeting - General Assembly, 73rd session, November 8, 2018（http://webtv.un.org/meetings-events/general-assembly/main-committees/1st-committee/watch/first-committee-31st-meeting-general-assembly-73rd-session/5859574011001）
52　UN Web TV,（5th meeting）Open-ended Working Group on developments in the field of information and telecommunications in the context of international security, September 11, 2019（http://webtv.un.org/search/5th-meeting-open-ended-working-group-on-developments-in-the-field-of-information-and-telecommunications-in-the-context-of-international-security/6085482385001/）

2021年3月に採択されたOEWGの報告書は、すべての国連加盟国に開かれた場で議論を行い、それまでのGGEの報告書が国家のサイバー空間における行動の指針となることを確認した[53]。議論に参加した国連・サイバー政策担当大使の赤堀毅は、これによってGGEに参加する一部の国で議論されていた内容が、全国連加盟国により直接再確認されたことの重要性を指摘している[54]。

　また、2021年7月に採択された第6次GGEの報告書は、サイバー空間における国家の行動に適用される国際法を、自衛権、国家責任、国際人道法といった観点から具体化したほか、各国が国際法の適用に関する基本的立場を表明した[55]。このことによって、サイバー空間においてどんな行動が国際法違反なのか、サイバー攻撃等によって被害を受けた国が何の国際法を根拠に対応できるのかを方向づけたといえる。

2-4 サイバー攻撃の様態と領域

　本項では、能動的サイバー防御によって被害顕在化前に防止しようとするサイバー攻撃について、その様態とサイバー空間上の領域の区分けについて説明する。これらは、米国政府の行っている能動的サイバー防御作戦の対象となっているため、全体像の理解に役立つ。

53　United Nations, "Open-ended working group on developments in the field of information and telecommunications in the context of international security Final Substantive Report," March 10, 2021（https://front.un-arm.org/wp-content/uploads/2021/03/Final-report-A-AC.290-2021-CRP.2.pdf）（https://front.un-arm.org/wp-content/uploads/2021/04/A-AC.290-2021-INF-2.pdf）

54　赤堀毅『サイバーセキュリティと国際法の基本』東信堂、2023年9月、p. 20。

55　United Nations, "A/76/135 Group of Governmental Experts on Advancing Responsible State Behaviour in Cyberspace in the Context of International Security," July 14, 2021（http://digitallibrary.un.org/record/3934214）

（1）サイバー攻撃のメカニズム

　サイバー攻撃は、攻撃者がコンピュータに侵入したり、データを改ざんしたり、コンピュータを機能不全にしたりする形で顕在化する。例えば、攻撃者がコンピュータにインストールされたソフトウェアの脆弱性を利用してパスワードを不正に取得し、内部のデータにアクセスして機密情報を窃取するといったことが発生している。

　攻撃者は大規模なサイバー攻撃の実行にあたって、他者が利用しているコンピュータを乗っ取ることもある。乗っ取られたコンピュータは攻撃者の支配下に入り、遠隔操作されて攻撃を仕掛けたりするために利用される。これによって、攻撃者は通信ネットワーク上で、思い通りに動く多くの味方のコンピュータを得ることができる。

　攻撃者に乗っ取られたこれらのコンピュータをボット（bot）と呼び、それらが多数集まったものをボットネット（botnet）と呼ぶ。一方、攻撃者は指揮統制（Command & Control：C2）サーバからこのボットネットに指示を出し、サイバー攻撃を行う。さらに、ボットはC2サーバから更新プログラムをダウンロードし、自身をアップデートすることもある。

　ボットネットを利用した典型的な攻撃は、ウェブサイト等を機能不全に追い込むDDoS攻撃（分散型サービス妨害攻撃）である。攻撃者がC2サーバを通じてボットに指示を出し、大量のボットが同時にウェブサーバにアクセスする。これによりウェブサーバが処理しきれずに機能不全に陥り、ウェブサイトの運営が妨害される。また、攻撃者はボットネットを利用して広告クリック数を不正に増やし報酬を得たり、スパムメールを大量配信したりすることも可能で

ある。

　攻撃者が乗っ取るコンピュータには、ブロードバンド接続に使う家庭用のルータや、プリンター、ネットワーク接続型のハードディスク等もある。2016年頃から政府機関等が警告しているボットネット型ウイルス・マルウェアMiraiは、主にIoT機器と呼ばれる機器に感染する[56]。Miraiは、利用者がソフトウェアの更新をしていない状態のIoT機器を標的として感染を拡大してきた。

　IoT機器に感染が広がっている原因は、これらの機器の管理者が悪用されていることに気がつかないことにある。実際、利用者はルータやプリンターを設置後、PCのように設定を頻繁に変更することはまれである。また、自身の保有・管理している機器が、マルウェアに感染したり攻撃に加担したりしていても、通常の動作に問題がないことが多い。

　Miraiは2024年時点でも複数の亜種の存在が確認されており、感染の拡大が続いている。日本のコンピュータセキュリティ対策活動を

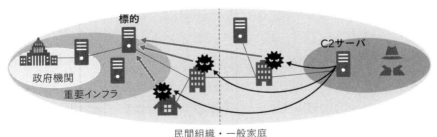

図2　ボットを使ったサイバー攻撃

出所：筆者作成

56　内閣サイバーセキュリティセンター「IoTを狙うボットネットって何?自動更新機能が対策のカギ!」2022年5月31日（https://www.nisc.go.jp/pr/column/20220531.html）；JPCERT/CC「インターネットに接続された機器の管理に関する注意喚起」2016年12月21日（https://www.jpcert.or.jp/at/2016/at160050.html）

行っているJPCERT/CCは、インターネット上の通信を観測した結果、Miraiが感染を広げる際にみられる悪用可能な機器の探索を行う通信が続いていることを指摘している[57]。

　攻撃者の視点に立てば、これらのボットネットは大規模なサイバー攻撃にとって重要なリソースであり、ボットネットを使いたいときに使えるよう維持管理をする必要がある。維持管理には、動作状況の監視や、セキュリティ研究者や警察等による追跡を回避するための通信方法の変更、または利用者が機器のソフトウェアをアップデートしたとしてもボットとして継続的に利用できるようにすること等がある。

（2）サイバー攻撃の段階：準備、実行、顕在化、終了

　このボットネットを利用したサイバー攻撃には、準備期間が必要である。攻撃者の視点に立ってみると、計画策定、ボットネット構築のための攻撃、ボットネットを利用した攻撃、被害の顕在化、攻撃終了・停止といった段階を経る（図3）。計画段階において、攻撃側は戦略的目標の達成に向けて悪用する脆弱性や攻撃手法を検討する。特に作戦開始前に防御側に攻撃の兆候を発見されないために隠密性を重視した慎重な活動を行う必要がある。

　一方、サイバー攻撃による被害を防ぐ立場に立てば、被害が顕在化する前に攻撃を止めることが必要である。そのため、防御側は攻撃側が計画策定、ボットネットの構築、あるいはボットネットを利用した攻撃のどこかで対策をする必要がある。また、被害の顕在化後に被害内容を分析したり、関係者間で共有したりする際には、攻撃者やその手法の特定が重要となる。特に、攻撃終了・停止後に行

57　JPCERT/CC「インターネット定点観測レポート（2024年 1～3月）」2024年5月2日（https://www.jpcert.or.jp/tsubame/report/report202401-03.html）

2-4　サイバー攻撃の様態と領域　|　59

図3　攻撃側と防御側の視点からみたタイムライン

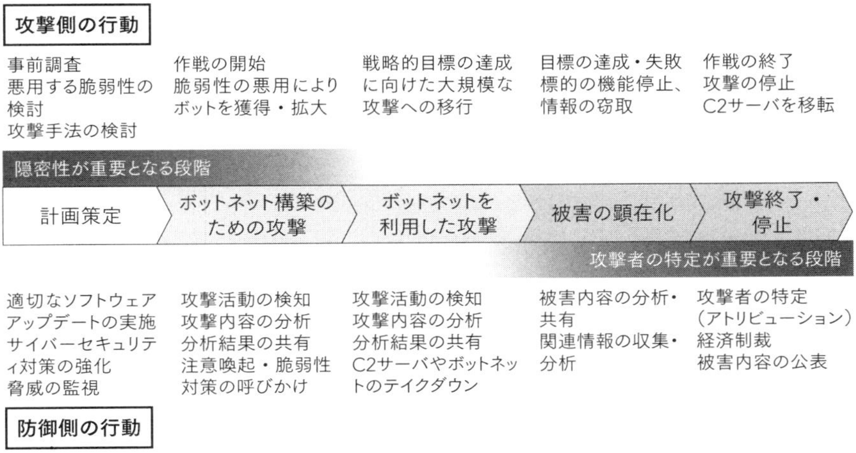

攻撃側の行動

事前調査 悪用する脆弱性の 検討 攻撃手法の検討	作戦の開始 脆弱性の悪用により ボットを獲得・拡大	戦略的目標の達成 に向けた大規模な 攻撃への移行	目標の達成・失敗 標的の機能停止、 情報の窃取	作戦の終了 攻撃の停止 C2サーバを移転

隠密性が重要となる段階

計画策定	ボットネット構築の ための攻撃	ボットネットを 利用した攻撃	被害の顕在化	攻撃終了・ 停止

攻撃者の特定が重要となる段階

適切なソフトウェア アップデートの実施 サイバーセキュリテ ィ対策の強化 脅威の監視	攻撃活動の検知 攻撃内容の分析 分析結果の共有 注意喚起・脆弱性 対策の呼びかけ	攻撃活動の検知 攻撃内容の分析 分析結果の共有 C2サーバやボットネッ トのテイクダウン	被害内容の分析・ 共有 関連情報の収集・ 分析	攻撃者の特定 （アトリビュー ション） 経済制裁 被害内容の公表

防御側の行動

出所：筆者作成

う対策では、経済制裁や被害内容の公表において攻撃者を特定することの重要度が増す。なぜなら、これらの措置は内容が具体的である必要があるだけでなく、間違った情報に基づけば、意図せぬエスカレーションや問題を引き起こすからだ。

　そこで、防御側として一連のサイバー攻撃に対処するためには、被害の顕在化前にいつ、どこで、何をするかを特定する必要がある。

（3）サイバー攻撃における領域区分

　では、「どこで」サイバー攻撃に対処するのだろうか。この問いに答えるため、能動的サイバー防御において、コンピュータの所在する場所・所有者・管理者の属性に基づきサイバー空間を領域ごとに分類する。この考え方は米国防総省が発行する文書に基づいたものであり、サイバー空間上の活動に関係しているコンピュータを、政

府機関の立場に立ってブルー・グレー・レッドの3つの領域に分類することで、能動的サイバー防御の対処の対象を分類しようとするものである[58]。

　本書がこの分類を採用する理由は、従来のサイバー防御と能動的サイバー防御の違いや、その限界を明らかにすることにある。サイバー空間での行動は複雑であり、陸海空での行動のように観察できない。それゆえ、政府機関が対処するコンピュータの属性をわかりやすくするために、場所や所有権に基づく分類を導入する。この分類は、従来のサイバー空間における攻撃・防御の観点に基づく分析よりも、重要インフラを含む重大な被害の未然防止という観点から政府が民間のコンピュータを防護する範囲を理解するのに役立つ。

　まず、ブルーの領域は、政府が保有・管理する空間である。政府機関の建物の中にあるコンピュータや、政府機関が契約しているデータセンターのコンピュータ、およびそれらを結ぶネットワークを含む領域を指す。すなわち、政府機関が保有・管理するコンピュータとネットワークである。この領域では、政府機関は保有者・管理者として、コンピュータの設定を変更することやファイアウォール等の対策を追加するといったように、自由に防護することができる。

　次に、レッドの領域は、サイバー攻撃を仕掛けようとする相手側が保有・管理する空間である。この空間には、相手方が利用するコンピュータや乗っ取ったコンピュータが所属する。相手側はもともとコンピュータを所有していた者を排除することができ、乗っ取っているボットとなったコンピュータを利用してサイバー攻撃を仕掛けることが可能である。

58　US Joint Chiefs of Staff, "Joint Publication 3-12 Cyber Operations," 2018, pp. I-4 - I-5（https://www.jcs.mil/Portals/36/Documents/Doctrine/pubs/jp3_12.pdf）

そして、グレーの領域は、ブルーとレッドに属さないコンピュータが所属する領域である。この領域には、自国の領域外にあるコンピュータ、電力や通信といった重要インフラ、民間企業の情報システム、またはスマートフォンや家庭のコンピュータが所属する。

そこで、ボットネットを使ったサイバー攻撃を例として、コンピュータを所属領域ごとに分類する。すると、従来のサイバー防御はブルーに焦点を当てていたのに対し、能動的サイバー防御では、グレーやレッドの部分に対策をする考え方であることがわかる。

まず攻撃者は、レッドの領域からグレーまたはブルーの領域のコンピュータを攻撃して制御下に置き、重要インフラへの攻撃準備を行う。次に、サイバー攻撃を受け、攻撃者の指揮下に入りボット化したコンピュータは、レッドの領域にある指揮統制（C2）に利用するコンピュータと通信し攻撃開始のタイミングを待つ。そして、攻撃者はボットネットを利用してブルーまたはグレーの領域にあるコンピュータを攻撃することで、大規模なサイバー攻撃を仕掛けることができる。

このように攻撃開始までにボット化したコンピュータを準備することを事前配備（Prepositioning）と呼ぶ。例えば、米CISAは、中国が重要インフラに対して混乱や破壊を目的としたサイバー攻撃のために事前配備をしていると指摘している[59]。実際のサイバー攻撃では、攻撃開始後にC2が変わったりするため、被害を認知した時点からの対処は難しい。そのため、防御側は事前配備段階の兆候を捉える必要がある。

---

59 US Cybersecurity Infrastructure Security Agency, "PRC State-Sponsored Actors Compromise and Maintain Persistent Access to U.S. Critical Infrastructure," February 7, 2024（https://www.cisa.gov/news-events/cybersecurity-advisories/aa24-038a）

2-5 能動的サイバー防御の発展

　ここまで、サイバー空間上の脅威への対応方法に変更が必要となったことを指摘した。このような変化を踏まえ、欧米各国は2010年代から能動的サイバー防御（Active Cyber Defense：ACD）を導入した。そこで、本書は、欧米各国における能動的サイバー防御に関する、政府機関、産業界、学術界の議論を比較する。これによって、日本の能動的サイバー防御が欧米と同等、またはそれ以上になるためには何が必要かを検討するための材料を提供する。

（1）能動的サイバー防御の概念と定義の変遷

　能動的サイバー防御に関する議論は、主に海外で2010年代から政府、サイバーセキュリティ企業、大学、またはシンクタンク等で行われてきた。これらはサイバー空間上で攻撃を行う相手側の振る舞いを分析する点で共通するが、それぞれが異なる定義を持っている。この差は、脅威に対する認識と対策の実施主体から来るものである。

　また、各国の能動的サイバー防御の概念は2010年代から2020年代にかけて変化した。その代表例が米国である。米国のサイバー空間の防衛に対するアプローチの概念は、アクティブ・サイバーディフェンスから前方防衛（Defend Forward）と持続的関与（Persistent Engagement）に変わった。この概念の変化は、対処の内容だけでなく、対処の相手や場所の観点からも変化している（表4）。

表 4　能動的サイバー防御の概念の変化

年代	2000〜2010年代中頃まで	2020年代以降
実施主体 （誰が）	情報システムの管理者・運用者・分析担当	法執行機関、軍事組織、情報機関等の政府機関
領域 （どこで）	自身の管理するシステムやネットワークの内部	重要インフラや家庭用機器等の自身の管理するシステム・ネットワークの外部
対策 （何を）	脅威や脆弱性の発見、検知、分析、被害の緩和	脆弱なシステムの修正、マルウェアの除去、脅威の支配下からの解放
タイミング （いつ）	脅威が自身のシステムに侵入したとき、またはしそうなとき	脅威が攻撃準備を行っている、システムに侵入している、またはしそうなとき

出所：筆者作成

（2）米国政府のアプローチ

▶ ①初期のACD戦略：純粋な防御

　米国では、ACDを2010年代に採用した。2010年代前半における米国のACDは、政府機関の内部で脅威や脆弱性を発見し、対処する方針であった。その後、米国防総省はACDに代わって前方防衛と持続的関与の概念に基づく方針を打ち出した（図4）。これは、それまでのACDをより積極的な形に変更したものであり、米国政府機関が保有する情報システムやネットワークの外で脅威に対処するものである。以降では、この方針転換が、米国による脅威対処に関する認識の変化をどのように表しているかをみていく。

　2011年に米国防総省が発表したサイバー空間における戦略は、国防総省のネットワークへの侵入を防ぐための能力としてACDを採用することを挙げていた。この戦略において、ACDは脅威や脆弱性を

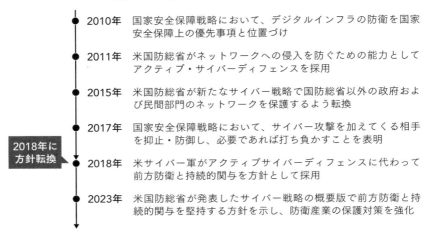

図4　米国のサイバー戦略と方針転換

- 2010年　国家安全保障戦略において、デジタルインフラの防衛を国家安全保障上の優先事項と位置づけ
- 2011年　米国防総省がネットワークへの侵入を防ぐための能力としてアクティブ・サイバーディフェンスを採用
- 2015年　米国防総省が新たなサイバー戦略で国防総省以外の政府および民間部門のネットワークを保護するよう転換
- 2017年　国家安全保障戦略において、サイバー攻撃を加えてくる相手を抑止・防御し、必要であれば打ち負かすことを表明
- 2018年　米サイバー軍がアクティブサイバーディフェンスに代わって前方防衛と持続的関与を方針として採用（2018年に方針転換）
- 2023年　米国防総省が発表したサイバー戦略の概要版で前方防衛と持続的関与を堅持する方針を示し、防衛産業の保護対策を強化

出所：筆者作成

発見、検知、分析、緩和するための、米国防総省の同期化されたリアルタイムの能力と定義していた[60]。また、米国防総省傘下の国防高等研究計画局（DARPA）によるACDの定義も、国防総省の管理するサイバー空間において敵対者と対峙する防御能力を指し、サイバー空間における脅威や脆弱性を、定義、分析、緩和するためのリアルタイムの能力を指していた[61]。なお、この定義は、純粋な防御であり、サイバー攻撃能力を含まない。米国家安全保障局（National Security Agency：NSA）のデュークス（Curt Dukes）は、ACDを、ネットワーク上のすべてのレイヤーで侵害の兆候を検知し、リアルタイムで共有することで、脅威の検出と緩和策を統合し、自動化を可能にするアーキテクチャであると指摘していた[62]。

60　US Department of Defense, "Department of Defense Strategy For Operating in Cyberspace," July, 2011（https://csrc.nist.gov/CSRC/media/Projects/ISPAB/documents/DOD-Strategy-for-Operating-in-Cyberspace.pdf）
61　US Defense Advanced Research Projects Agency, "Active Cyber Defense,"（https://www.darpa.mil/program/active-cyber-defense）

そのため、2011年当時の米国におけるACDは、政府が管理するネットワーク上で脅威の検知と攻撃の緩和をリアルタイムで行う能力であり、純粋な防御であったといえる。また、攻撃の緩和や脅威を理解することで防御力を高めるアプローチをとることと、防護のための活動範囲を自身が管理するネットワークに限定していたことがわかる。

当時、ACDの具体的な対策案には、ホワイトワーム（White Worm）というプログラムを用いて、自身のコンピュータ内にあるマルウェアを削除するといったものがあった[63]。ほかにも、攻撃者の標的となるコンピュータのIPアドレスを通信途中に変更するアドレスホッピングといったものもあった[64]。これらは、防御側がファイアウォールやウイルス対策ソフトによってコンピュータや情報をどう守るかという観点で行っていたセキュリティ対策を、相手側の行動を自身のネットワーク内で素早く検知して守るという観点に転換することだと理解できる。

この頃の米国は、サイバー攻撃への対処として、アクティブ・サイバーディフェンスだけでなく、能力を保持することで相手側にサイバー攻撃を思いとどまらせようとする抑止の考え方を持っていた。例えば、2011年に米国防総省が米議会に提出したサイバースペース政策報告は、サイバー空間における懲罰的抑止と拒否的抑止の適用を強調していた[65]。これらは、攻撃者がサイバー攻撃を行おう

62　US National Security Agency, "In Discussion with Curt Dukes（IAD）—Overview of NSA's Cyber Security Mission," October 1, 2015（https://www.nsa.gov/Press-Room/News-Highlights/Article/Article/1625846/in-discussion-with-curt-dukes-iad-overview-of-nsas-cyber-security-mission/）

63　Wenlian Lu, Shouhuai Xu, and Xinlei Yi, "Optimizing Active Cyber Defense," in Decision and Game Theory for Security（Springer, 2013）, 207（https://link.springer.com/chapter/10.1007/978-3-319-02786-9_13）

64　Leyi Shi et al., "Port and Address Hopping for Active Cyber-Defense," in Intelligence and Security Informatics（Springer, 2007）, 295

65　US Department of Defense, Department of Defense Cyberspace Policy Report, A Report to Congress Pursuant to the National Defense Authorization Act for Fiscal Year 2011, Section 934, November, 2011（https://irp.fas.org/eprint/dod-cyber.pdf）

とする際に反撃による被害を考慮して攻撃を思いとどまることや、攻撃者が攻撃を行ったとしても防御側の能力が高いことから目的を達することができないと思わせることで攻撃を抑止するという考え方である。すなわち、この頃の米国はサイバー空間における攻撃と防御を分離できるものと考えていたといえる。

　しかし、当時のサイバー軍司令官であったロジャース（Michael S. Rogers）は、2015年3月の米議会上院軍事委員会において、純粋な防衛は高コストであること、攻撃に対応しているだけでは防御が限界に達していることを指摘した[66]。このロジャースの発言から、米国は様々な対策を打ったが、政府機関のネットワークを守るだけではサイバー攻撃の被害を抑えることが難しくなってきていたという認識であったことがわかる。

　川口貴久は、これらの状況をふまえ、米国のサイバー空間における抑止の一貫性のなさを指摘している[67]。その原因として、米国がサイバー空間の本来的な性質に関係する認識を変化させていることや、サイバー攻撃による被害を受けることが常態化しており、攻撃側にコストを課すための様々な概念を打ち出していたことを指摘している。

　このような試行錯誤を経て、米国のサイバー空間における脅威への対処はより積極的な方向へと転換していく。

66　US Senate Committee on Armed Services, "U.S. Strategic Command, U.S. Transportation Command, and U.S. Cyber Command," March 19, 2015（https://www.armed-services.senate.gov/imo/media/doc/15-30%20-%203-19-15.pdf）; Ellen Nakashima, "Cyber chief: Efforts to deter attacks against the U.S. are not working," The Washington Post, March 19, 2015（https://www.washingtonpost.com/world/national-security/head-of-cyber-command-us-may-need-to-boost-offensive-cyber-powers/2015/03/19/1ad79a34-ce4e-11e4-a2a7-9517a3a70506_story.html）

67　川口貴久「米国におけるサイバー抑止政策の刷新」KEIO SFC JOURNAL Vol.15 No.2 2015（https://gakkai.sfc.keio.ac.jp/journal/.assets/SFCJ15-2-04.pdf）

▶ ②前方防衛・持続的関与への転換：より積極的なACDの採用

　米国政府は、サイバー空間上の脅威に対抗するため、より積極的な対処を行う方針を明らかにした。2015年4月、国防総省は新たなサイバー戦略を発表した[68]。この戦略では、防護対象を国防総省のネットワークだけでなく、政府および民間部門のネットワークの保護に拡大したのである。これは前述の2011年の国防総省戦略とは異なり、米軍が国防総省のネットワーク外で活動を行うことを示している。また、この戦略は、緊張が高まった状況や公然たる敵対行為がある際に、米国防総省が敵の指揮統制ネットワーク、軍関連の重要インフラ、および武器能力を混乱させるためにサイバー作戦を行う可能性を指摘していた。

　米国は、この戦略の更新を経て、2018年にACDや抑止に代わる前方防衛と持続的関与という概念を採用した。米サイバー軍は、自身の指揮方針を記載した文書において、敵の活動の発信源にできるだけ近い場所で活動することを前方防衛としている[69]。この前方防衛によって、米軍は敵の弱点を露呈させ、その意図と能力を学び、攻撃の発信源近くで対抗する方針をとった。

　また、この指揮方針は、サイバー空間において敵対する勢力への継続的な関与の必要性を強調している。継続的に米軍が敵との戦術的摩擦を生むことで戦略的コストを課し、敵側が防衛のためにリソースを転換することや攻撃を削減する状況を強いることを意味している。

　2018年の米軍の方針転換は、ACDが侵害された後の対処に焦点を

68　US Department of Defense, "The DoD Cyber Strategy," April 17, 2015（https://irp.fas.org/eprint/dod-cyberstrat.pdf）

69　US Cyber Command "Achieve and Maintain Cyberspace Superiority Command Vision for US Cyber Command," March 23, 2018（https://www.cybercom.mil/Portals/56/Documents/USCYBERCOM％20Vision％20April％202018.pdf）

当てていた防御を、サイバー空間上の脅威が米国に到達し、顕在化する前に阻止するように転換したことを意味している。公開された文書では、米国が課す可能性のある摩擦やコストの詳細を示していないが、後に述べるように米軍のサイバー空間上の脅威に対抗する活動として公開された内容に、攻撃的な任務が含まれていたことから、その様態が少しずつわかってきている。

米国の前方防衛と持続的関与が効果を発揮している要因は、脅威に対する米軍の意思決定の速さにある。トランプ（Donald J. Trump）大統領が2018年に署名した国家安全保障大統領覚書13号は、意思決定に係る手続きを短縮した。この覚書の詳細は機密となっているが、従来国家安全保障会議での合意が必要であったサイバー空間における作戦の実施権限を、国防長官に委任するものであるといわれている[70]。そのため、従来省庁間での調整に時間のかかる手続きが伴う作戦の実施を短縮することで、米軍が脅威に対するより柔軟なアプローチをとれるようになったともいわれている。

その後、2018年に米国防総省は、サイバー戦略の概要版を公開した[71]。その戦略では、前方防衛を、武力紛争のレベルに達しない活動を含む、悪意のあるサイバー活動をその発信源で混乱させるか停止させることを意図している、と記述している。すなわち、前方防衛は、サイバー脅威が単に個別の事象の形をとるだけでなく、リアルタイムで防御しなければならない継続的な作戦でもあるという米国の認識を示すものである。

2023年に米国防総省が発表したサイバー戦略の概要版も、前方防衛と持続的関与を堅持する方針を示している[72]。この中では、米国

70　Herb Lin, "President Biden's Policy Changes for Offensive Cyber Operations," May 17, 2022（https://www.lawfaremedia.org/article/president-bidens-policy-changes-offensive-cyber-operations）

71　US Department of Defense, "Summary Department of Defense Cyber Strategy," September 18, 2018（https://media.defense.gov/2018/Sep/18/2002041658/-1/-1/1/CYBER_STRATEGY_SUMMARY_FINAL.PDF）

が防衛産業の保護のため対策を強化することを述べている。この文書は、特定の手段を明示していないが、米CISAは、インシデント対応の文脈におけるアクティブ・ディフェンスとして、敵の通信のリダイレクトや活動監視を挙げている[73]。

（3）英国のACD戦略

英国政府におけるACDは、米国のACDや前方防衛、持続的関与とは異なる。英国政府は2022年に発表したサイバー戦略において、ACDを、脆弱性発見・修正の支援や、インシデント管理、サイバー攻撃を自動的に遮断することと定めている[74]。また、2024年に発表された政策文書ACD2.0において、英国家サイバーセキュリティセンター（NCSC）は、政府の立場でしかできないことをすることと、NCSCが独自に成功したサービスを他の政府機関や民間企業が行えるようにすることを方針として掲げた[75]。

英国政府のACD導入は、2016年に発表したサイバーセキュリティ戦略に遡る[76]。ACD導入にあたって、英国政府は異例の自己批判をしている。その批判とは、それまで英国政府がとっていた2011年のサイバーセキュリティ戦略に基づく対策は、民間企業によるソリュ

---

72 US Department of Defense, "Cyber Strategy of the Department of Defense," September 12, 2023 （https://media.defense.gov/2023/Sep/12/2003299076/-1/-1/1/2023_DOD_Cyber_Strategy_Summary. PDF）

73 Cybersecurity and Infrastructure Security Agency, "Cybersecurity Incident & Vulnerability Response Playbooks," November, 2021 （https://www.cisa.gov/sites/default/files/2024-08/Federal_Government_ Cybersecurity_Incident_and_Vulnerability_Response_Playbooks_508C.pdf）

74 UK Government, "National Cyber Strategy 2022," December 15, 2022 （https://www.gov.uk/government/ publications/national-cyber-strategy-2022/national-cyber-security-strategy-2022）

75 UK National Cyber Security Centre, "Introducing Active Cyber Defence 2.0," August 2, 2024 （https:// www.ncsc.gov.uk/blog-post/introducing-active-cyber-defence-2）

76 UK Government, "National Cyber Security Strategy 2016-2021," November 1, 2016 （https://assets. publishing.service.gov.uk/media/5a81914de5274a2e8ab54ae9/national_cyber_security_strategy_2016. pdf）

ーション提供など市場原理に頼り過ぎていて、期待したほどの成果を上げてこなかったと指摘していた。そのため、ACD導入はそれまでのサイバーセキュリティ対策の方針を転換し、政府が主導してサービスを提供する方針になったといえる。

その後、英国政府はACDに関する活動として、サイバー攻撃による被害を軽減することを目的に、様々な攻撃から保護するツールやサービスを提供している。具体的には、有害サイトのテイクダウン、疑わしいメールの報告サービス、メールのセキュリティ対策、脆弱性確認、DNS（Domain Name System）保護、早期警戒サービス、演習環境の提供、経路情報の保護、コンピュータの保護、脆弱性の報告・開示といった活動を行っている[77]（テイクダウンとは、C2サーバや通信に利用されているドメインを差し押さえ、活動を停止に追い込むこと）。これらの取り組みの結果、英国政府が、2022年の1年間に、ランサムウェアに関する500万以上の通信をブロックしたことや、710万以上の疑わしいメールを収集したことなどを報告している。

英国の方針は、自国の組織や通信インフラを守る点において米国と似ているが、米国とは積極的な関与の度合いが異なることがわかる。英国政府が発表したACDの活動に関する報告書では、ACDの目標は、大半の攻撃がエンドユーザーに到達するのを阻止し、残る攻撃による被害を軽減することと、高度な攻撃を明らかにすることにあると指摘している[78]。このように、英国はACDを、政府によるサービス提供によってリスク低減を目指す対応と位置づけ、報復のような攻撃的な性質とは分けて考えているのだろう。

77　UK National Cyber Security Centre, "Active Cyber Defence The 6th Year: Summary of Key Findings," July 6, 2023（https://www.ncsc.gov.uk/files/acd6-summary.pdf）

78　I. Levy, "Active Cyber Defence – One Year On, London, National Cyber Security Centre," February 5, 2018（https://www.ncsc.gov.uk/files/ACD％20-％20one％20year％20on_0.pdf）

実際、英国政府の報告書はACDについて、攻撃の発信源を特定して反撃するハックバックといった報復行為を含まないことを明示している。

（4）学術界や民間組織における議論

学術界や民間組織は、2010年代以降、ACDに関する議論を行っている。ここでは、ハックバック、ACDの定義、対策、活動領域に分けて議論の動向を整理する。

▶ ①ハックバック

まず、ACDに関する議論の一つに、防御側が攻撃の発信源を突き止めて対処するハックバックを行うという概念がある。この概念に関する例として、1999年に発生したサイバー攻撃への民間企業による対応が挙げられる[79]。この事例では、世界貿易機関（WTO）のサーバーを管理していた企業Conxionが、英国を拠点とするオンライン活動家グループからサービス妨害（Denial of Service attack：DoS）攻撃を受けた。

DoS攻撃への対処としては、被害者側がルータの設定を変更し、攻撃元からの通信を破棄する方法がある。しかしConxionは、攻撃の発信源を特定した後、通信を発信源に転送するという異例の対応をとった。この事例は、民間企業によるハックバックの可能性を示唆するものであったが、民間企業がこのような方法で攻撃に対抗することには、法的な問題や技術的な困難、誤った対象への攻撃リスクなど、多くの課題があることが明らかになった[80]。

79　Deborah Radcliff, "Should You Strike Back?," Computerworld, November 13, 2000（https://www.computerworld.com/article/1353822/should-you-strike-back.html）

米国では、2017年に民間組織によるハックバックを一定の条件下で合法化する法案が議会に提出された[81]。この法案は、従来のコンピュータ詐欺および不正使用防止法が禁止していた行為を、特定の状況下で許可するものであったが、結局審議されなかった。

2019年には、さらに踏み込んだハックバックに関する法案が米議会に提出された[82]。この法案は、被害を受ける可能性のある民間事業者が自社のファイルにコードを追加し、それが窃取された場合に通知を受け取れるようにすることや、攻撃者の位置情報などを特定できるようにすることを目指していた。さらに、攻撃者のシステムに対する一定の反撃行為も認めるものであった。

この法案では、ハックバックの目的として、攻撃者の特定、継続的な不正活動の阻止、将来の防御技術開発のための攻撃者の監視などが定められていた。同時に、他人のデータの意図的な破壊や公衆の健康・安全への脅威の創出など、7つの禁止行為も明確に規定されていた。

しかしながら、この法案も成立には至らなかった。その主な背景には、誤った攻撃者の特定や意図しない被害、さらには事態のエスカレーションなど、ハックバックに伴う潜在的なリスクがある[83]。このように、民間組織によるハックバックは、繰り返し議論の対象となっているものの、その実現には法的、倫理的、技術的な課題が

---

80 例えば、民間企業によるハックバックの難しさを研究した論文がある。Dennis Broeders, "Private active cyber defense and (international) cyber security—pushing the line?," Journal of Cybersecurity, Volume 7, Issue 1, 2021, tyab010 (https://doi.org/10.1093/cybsec/tyab010); Majuca, Ruperto P. and Kesan, Jay P., "Hacking Back: Optimal Use of Self-Defense in Cyberspace," Chicago-Kent Law Review, Vol. 84, No. 3, 2010, Illinois Public Law Research Paper No. 08-20 (https://ssrn.com/abstract=1363932); Paul Rosenzweig, "International Law and Private Actor Active Cyber Defensive Measures," Stanford Journal of International Law 47, 2013.

81 US Congress, "Text - H.R.4036 - 115th Congress (2017-2018): Active Cyber Defense Certainty Act," October 12, 2017 (https://www.congress.gov/bill/115th-congress/house-bill/4036/text)

82 US Congress, "Text - H.R.3270 - 116th Congress (2019-2020): Active Cyber Defense Certainty Act," June 28, 2019 (https://www.congress.gov/bill/116th-congress/house-bill/3270/text)

83 Robert Chesney, "Hackback Is Back: Assessing the Active Cyber Defense Certainty Act," June 14, 2019 (https://www.lawfaremedia.org/article/hackback-back-assessing-active-cyber-defense-certainty-act)

山積しており、現状ではその実施は困難である。

▶ ②ACD実施主体の変化：政府主体の対処

　学術界や民間組織によるACDをみると、対策の実施主体が民間組織から政府機関に変わっていることがわかる。これは、国家の支援を受けた脅威アクターによる攻撃の被害が大きくなったことや、攻撃に用いる手段が変わったこと、それに伴って政府機関の関与が増えたことによる。

　定義に関する議論として、2010年代前半のACDの定義には、ローゼンツヴァイク（Paul Rosenzweig）による、「脅威を検知、発見、分析、緩和するための、同期化されたリアルタイムの能力」との定義がある[84]。この定義は、前述の米国政府によるACDの定義と共通点がある。

　また、ITセキュリティ教育を行うSANS Institute は、アクティブ・ディフェンスとして、脅威の情報を取得し、その情報を正確に分析した上で脅威に対処する活動であると指摘している[85]。このACDの定義は、その実施主体を民間企業の分析担当者に置いている。また、この文書は、SANSは明示的にハックバック等の攻撃的な活動を含めないようにしていることも特徴である。その他にも、SANSはアクティブ・ディフェンスシステム（Active Defense System）の実装に関する文書において、攻撃者が機微な情報を入手するためのコストを上げることを基本的なアイデアとして、攻撃者の行動を観測することや、脅威インテリジェンスを通じて得られた攻撃者の情報をもとに対処することを掲げている。すなわち、SANSのACDに関する定義は、攻撃側の振る舞いを自組織のネットワーク内から得られた情

84　Paul Rosenzweig, "International Law and Private Actor Active Cyber Defensive Measures," Stanford Journal of International Law 47, 2013.

85　Robert M. Lee, "The Sliding Scale of Cyber Security," SANS Institute, August 2015.

報で分析するだけではなく、その他の外部の情報源からの情報と併せて分析し、対処することに重きを置いているといえる。

　一方、ACDを、物理的な領域での対処の概念の拡張であり、より積極的な対応をするものとして定義しているものもある。例えば、デニング（Dorothy E. Denning）らは、能動的な防衛は特定の脅威に対して直接的に講じることを重視する措置であり、受動的な防衛は脅威からサイバー資産を保護することを重視する措置であるとしている[86]。この定義は、防空における概念をサイバー空間に拡張したものである。具体的には、米軍における能動的な防空（Active Air Defense）とミサイル防衛をサイバー空間に拡張して定義しようとしている。能動的な防空は、友軍部隊と資産に対する航空およびミサイルの脅威を破壊、無効化、またはその有効性を低減するために実施される直接的な防衛行動と定義されており、能動的防空において利用される能力を、航空機、防空兵器、ミサイル防衛兵器、電子戦、複数のセンサー、およびその他の利用可能な兵器や能力としている。

　この論文は、上記の概念や能力を援用してACDを定義しようとしている。具体的には、ACDを、反軍部隊と資産に対するサイバー脅威を破壊、無効化、またはその効果を低減させるために講じる防御措置である、と定義した。また、受動的サイバー防衛を、味方部隊および資産に対するサイバー脅威の効果を最小限に抑えるために能動的サイバー防衛以外の手段で講じられるすべての措置である、と定義している。

　2016年に発表された米ジョージワシントン大学サイバー・国土安

86　Dorothy E. Denning and Bradley J. Strawser, "Active Cyber Defense: Applying Air Defense to the Cyber Domain," Understanding Cyber Conflict: Fourteen Analogies, Georgetown University Press, 2017（https://carnegie-production-assets.s3.amazonaws.com/static/files/GUP_Perkovich_Levite_UnderstandingCyberConflict_Ch12.pdf）

全保障センター（CCHS）の報告書は、より広い範囲での対応をACDとして位置づけている。この報告書はACDを、従来の受動的な防御と攻撃の間に位置する積極的なサイバーセキュリティ対策と定義している[87]。CCHSの定義するACDは、具体的な活動として防御側と攻撃側の間の技術的なやりとりや、防御側が脅威アクターに関する情報収集を挙げている。また、ACDの対処として技術的な方法だけでなく、脅威アクターの行動を変えるために政府機関が制裁、起訴、貿易政策等を使うことも指摘している。

　さらに、この報告書は、能動的・受動的な防御という概念が、1970年代の米軍の陸軍戦術に由来していると指摘している。1970年代のアクティブ・デフェンスは、米陸軍訓練・ドクトリン司令部の司令官であったデプイ（William DePuy）大将が、1973年の第四次中東戦争を分析する中で、機動性を基盤とする防御技術を表現する用語として使用した。

　この考え方は、自身の能力をどう最適化させるかという考え方に基づいている。実際、2010年に米統合参謀本部は、サイバー空間に限らないアクティブ・ディフェンスを、抗争中の地域・位置において敵を拒否するための限定的な攻撃と反撃の採用と定義していた[88]。

　前に述べたとおり、2010年代のACDの定義の変化をみてみると、ACDに基づく分析や対処を行う主体が民間企業の分析担当者から政府機関に広がっている。この要因は、サイバー空間における脅威が、技術的に洗練されたものになっているだけでなく、国家の支援を受けていることや、攻撃の影響範囲と規模が大きくなっているこ

87　Center for Cyber and Homeland Security, "Into the Gray Zone. The Private Sector and Active Defense against Cyber Threats," George Washington University, 2016（https://wayback.archive-it.org/5184/20190103002934/https://cchs.gwu.edu/sites/g/files/zaxdzs2371/f/downloads/CCHS-ActiveDefenseReportFINAL.pdf）

88　US Joint Chiefs of Staff, "Joint Publication 1-02 Department of Defense Dictionary ofMilitary and Associated Terms," November 8, 2010.

とにある。

例えば、米国議会の米中経済・安全保障問題検討委員会（U.S.-China Economic and Security Review Commission）の2013年の報告書では、中国がサイバー空間におけるスパイ活動、知的財産侵害を行っており、その被害額が年間3,380億ドルにのぼると指摘していた[89]。米国の大統領経済諮問委員会（Council of Economic Advisers）は、サイバー空間における活動の影響により、2016年に米国の経済が1,090億ドルの被害を受けたと発表した[90]。また、米国のシンクタンク戦略国際問題研究所（CSIS）とセキュリティ企業マカフィーの調査によると、2020年時点で世界におけるサイバー犯罪による経済損失が1兆ドルを超えたとの報告もある[91]。

サイバー攻撃を行う脅威アクターへの対策として、政府機関の関与は2010年代から始まった。例えば、2011年にFBIがCorefloodというマルウェアによる国際的なボットネットをテイクダウンしたことが挙げられる。Corefloodは数年間にわたって200万台以上のコンピュータを支配下に置き、個人情報や金融データを盗み出していた。その規模は、1台のサーバだけでも40万人以上の被害者から盗んだ190GBものデータを保管していたという。

FBIは、この脅威に対して革新的なアプローチをとった。まず、コネチカット州連邦地方裁判所からボットネットのテイクダウンのた

89 U.S.-China Economic and National Security Review Commission, "2013 Annual Report to Congress," November 20, 2013（https://www.uscc.gov/sites/default/files/Annual_Report/Chapters/Chapter％202％3B％20Section％202％20China％27s％20Activities.pdf）

90 Whitehouse, "CEA Report: The Cost of Malicious Cyber Activity to the U.S. Economy," February 16, 2018（https://trumpwhitehouse.archives.gov/articles/cea-report-cost-malicious-cyber-activity-u-s-economy/）

91 McAfee, "New McAfee Report Estimates Global Cybercrime Losses to Exceed $1 Trillion," December 7, 2020（https://www.mcafee.com/de-ch/consumer-corporate/newsroom/press-releases/press-release.html）; James Andrew Lewis, Zhanna L. Malekos Smith, and Eugenia Lostri, "The Hidden Costs of Cybercrime," Center for Strategic and International Studies, December 7, 2020（https://www.csis.org/analysis/hidden-costs-cybercrime）

めの仮処分命令を取り付けた。この命令により、非営利の民間組織インターネットシステムズコンソーシアム（ISC）がCorefloodの指揮統制（C2）サーバを自社のサーバに置き換えることが認められた。さらに、ボットネットが使用するドメイン名を政府が引き継ぐことも可能となった。これにより、当局は感染したコンピュータに活動停止命令を直接送ることができるようになったのである。

　この法的根拠に基づき、FBIはインターネットプロバイダと協力して感染したユーザーに警告を発信し、マイクロソフトもマルウェアを除去するためのツールを提供した。こうした包括的なアプローチにより、Corefloodの脅威に対して効果的な対策が実現したのである。この事例は、サイバー犯罪との戦いにおける法執行機関、技術企業、そして司法システムとの連携の重要性を示すことになった。

　このような流れのもとで、2020年以降のACDの定義は、実施主体を政府機関とするようになった。ドイツのStiftung Neue Verantwortung（SNV）のヘアピグ（Sven Herpig）はACDを、個別または複数の国家の政府機関によって実施される技術的措置であって、その目的を継続中のサイバー作戦やキャンペーン（複数の作戦からなる一連の戦役）の影響を無力化または緩和、または技術的に帰属を特定することに置いている措置と定義した[92]。

　ここまでの議論をいったんまとめると、ACDの定義に関する議論において、サイバー空間における脅威に対応する主体が変わっていることがわかる。2010年代のACDの定義が想定していた主体は民間企業等の情報システム担当者やセキュリティ担当者であった。これは民間企業が脅威に対して対処するハックバックをめぐる議論とも

92　Sven Herpig, "Active Cyber Defense Operations Assessment and Safeguards," November 4, 2021（https://www.interface-eu.org/publications/downloadPdf/active-cyber-defense-operations-assessment-and-safeguards）; Sven Herpig, "Active Cyber Defense Toward Operational Norms," November 21, 2023（https://www.stiftung-nv.de/publications/active-cyber-defense-toward-operational-norms）

表5 受動的・能動的・攻撃的サイバー対処の手段

受動的サイバー防御 （Passive Cyber Defense）	能動的サイバー防御 （Active Cyber Defense）	攻撃的サイバー （Offensive Cyber）
アクセス制御、ファイアウォール、ウイルス対策ソフト、パッチ適用、自組織の通信監視	情報共有、ハニーポット、欺瞞ツール、脅威ハンティング、ビーコンの設置、インテリジェンス収集 ボットネットのテイクダウン、複数国による制裁・起訴・貿易規制、ホワイトハットランサム、窃取された情報資産の奪還	ハックバック、外部ネットワークに存在する情報や機器の阻害・破壊

出所：CCHS報告書より筆者作成

一致している。しかし、2010年代後半以降は、裁判所や政府機関にしかできない対処が行われるようになったことで、脅威に対処する主体が政府機関に移っている。これと併せてACDの定義も変わったといえる。

▶ ③ACDと攻撃的なサイバー手段の差別化

対策に関する議論では、ACDに分類される対処を列挙し分類を試みている研究がある。例えば、先に挙げたCCHSの報告書では、対策を受動的（Passive Cyber Defense）、能動的（ACD）、攻撃的（Offensive Cyber）に分類している（表5）。また、SNVの報告書は、防御側がサイバー攻撃で利用される指揮統制用のインフラを乗っ取ることや、被害者のシステム上のマルウェアをアンインストールまたは無効化したり、セキュリティパッチを適用したりする対策をACDに分類している。これは、2011年の米国の戦略やSANSの定義から変化しており、2010年代よりもさらに積極的な対策をACDとして位置づけていることがわかる。また、SNVの報告書もACDの手段を、軍事作戦のために相手側のITシステムへ侵入するといった攻撃的なサイバー作戦と区別することを指摘している。

現状の各国のACDの運用について、前述のSNVの報告書は、政策の枠組みや対策の運用基準に関する議論が十分でないと指摘している[93]。特に他国への侵入措置を含む対策は、二次被害や緊張関係の段階的拡大（エスカレーション）のリスクがある。そこで、この報告書ではACDの運用規範として次の原則案を提示している。この原則案は、ACDを運用する主体は政府機関にあり、サイバーセキュリティ関連組織、軍事組織、警察、外交当局などが連携して対処することの重要性を指摘している。

ACDの原則案

- 能動的サイバー防御は報復行為ではない。悪意あるサイバー作戦やキャンペーンへの対応として行われるべきである。その目的は、悪意あるサイバー活動の無力化、緩和、または特定にある。

- 政府は自国の管理下にある領域に焦点を当てた対策を講じるべきである。同盟国の領域に関与する前には協議を行い、関与のない第三者の領域への対処は可能な限り回避すべきである。

- 政府は能動的サイバー防御のための政治的、法的、監督の枠組みを構築し、影響評価と透明性に重点を置くべきである。さらに、国際法の形成における自国の役割を認識し、信頼醸成措置に関与することが求められる。

- 能動的サイバー防御を行う機関には、技術的卓越性、運用上の専門知識、中央当局による厳格な枠組みに従う意思が重要な要件となる。また、敵対者のサイバー運用環境に関する深いレベルの技術的理解が不可欠である。

93　Sven Herpig, "Active Cyber Defense Toward Operational Norms," November 21, 2023

- 能力開発、設計、テストのプロセスは、効率性、有効性、および対策の妥当性を保証するために綿密に行う必要がある。対策は可能な限り限定的であるべきで、第三者を標的にすることは避けなければならない。特に、サプライチェーンや重要インフラは標的とすべきではない。
- 能動的サイバー防御を最後の手段として位置づけるべきである。政府は能動的サイバー防御が大量のリソースを必要とする一回限りの活動である可能性が高いことを認識する必要がある。また、能動的サイバー防御自体が国家のサイバーセキュリティや回復力の全体的なレベルを継続的に改善するものではないことを認識すべきである。

出所：Sven Herpig, "Active Cyber Defense Toward Operational Norms," November 21, 2023

　また、SNVの報告書は、ACDによる対処には、実施する際の判断基準と既存の法律との整合性を担保するための保護措置が必要であると指摘している。その理由として、政府機関はACDによる対処が「違法ではないが実行すべきかどうか」を判断しなければならないことを挙げている。すなわち、技術的な進展が早いサイバー攻撃に対する対処は、既存の法律が想定していない状況下で実施しなければならない可能性を考慮し、対処の判断基準と保護措置を明確化すべきと指摘している。

　ACDによる対処の判断基準には、誰が、誰に対して、どこで、どのような効果を目指し、いつ行うのかといった要素が含まれる。これらの基準を用いて作戦の重要な要素を分析し、リスク、有用性、潜在的コストをより正確に評価することができる。

　一方、保護措置はすべての能動的サイバー防御の対処に適用する手続きである。これにはプライバシー保護、人権および国内外の法律との整合性確保、地政学的安定性の維持、国家安全保障といった

観点からの承認手続きや実施後の監査などを想定している。

▶ ④ACDが行われる領域

これまでの議論をふまえると、サイバー空間における行為がどこで行われるかが、能動的サイバー防御では論点となる。一方で、サイバー空間において、明確な国境を引くことは難しい。そのため、陸海空のように、領土、領海、領空と行った考え方をそのまま適用することは困難である。

そこで、先に導入したように、政府の立場に立ってブルー・グレー・レッドの3つの領域に分類することで、能動的サイバー防御の対処における活動領域を分析する。ブルーは政府が保有・管理する領域であった。この部分の防御は、従来のサイバー防御の対象領域である（図5）。

能動的サイバー防御が対象とするのはグレーやレッドの領域であり、自国内の民間が管理するコンピュータ、他国に所在するコンピュータ、または攻撃側が保有・管理・存在する領域である。従来政府機関が対処していたグレーの領域に属するコンピュータを防護す

図5　サイバー攻撃の対処領域

対処領域が欧米主要国と同等程度になる

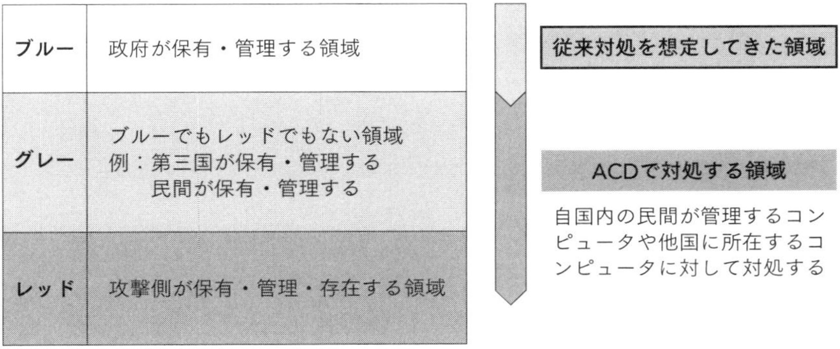

ブルー	政府が保有・管理する領域
グレー	ブルーでもレッドでもない領域 例：第三国が保有・管理する 民間が保有・管理する
レッド	攻撃側が保有・管理・存在する領域

従来対処を想定してきた領域

ACDで対処する領域

自国内の民間が管理するコンピュータや他国に所在するコンピュータに対して対処する

出所：筆者作成

る活動は、ソフトウェアのアップデートの呼びかけや脅威情報の共有といった形で行われてきた。そのため、政府機関が民間企業の保有するコンピュータに直接アクセスすることはなかった。

後に述べる近年のACDによる対処の例をみると、レッドスペースにあるC2サーバへの対処に加えて、グレーの領域にあるコンピュータに対処する事例が多くなっていることがわかる。具体的には、2021年に米司法省が家庭用のルータの脆弱性を悪用する攻撃を検知した後に、これらのルータに侵入しボット化を防ぐ対策を行ったことなどが挙げられる。

この対処は、攻撃者の視点に立てば、大規模なサイバー攻撃に備えて事前配備していた重要なリソースがなくなっている状況である。すなわち、ACDによる対処の結果、攻撃者は、ボットネットを使いたいときに使えなくなっているのである。

2-6 ACDの実践と課題

米国が行ったACD作戦の変化をみていく。米国のACD作戦の変化は、C2サーバのテイクダウンやドメインの差し押さえに加えて、裁判所の許可を得て脆弱性を有するルータなどの設定変更を行うといった方法をとっていることが特徴である。

また、攻撃の時間軸に着目してみると、政府機関が行う対処が被害の顕在化後であったのに対して、被害の顕在化前に対処を行っている。さらに、攻撃に関する領域に着目してみると、先に述べたとおり攻撃者が保有・管理・存在するレッドの領域へのテイクダウンなどの対処であったものが、これに加えて企業や家庭内のルータといったグレーの領域にあるコンピュータへの対処に変わっているこ

とがわかる（図6）。

（1）レッド領域への対処：
　　攻撃者の利用するドメインやサーバの差し押さえ

　以降では米国が実施してきた作戦を具体的にみていく。2010年代前半は、攻撃者の利用するドメインやC2サーバの差し押さえといった取り組みが中心であった（表6）。

　米国政府は2011年から、サイバー犯罪対策の一環としてボットネットのテイクダウンを開始した。その先駆けとなったのが、先に述べたCorefloodマルウェアに対する対処である。FBIはインターネットプロバイダと連携し、感染したコンピュータのIPアドレスを特定・通知することで、米国内の感染マシン数を約80万台から10万台以下へと大幅に削減することに成功した[94]。この取り組みは「アデオナ作戦」と呼ばれ、米国の法執行機関によるボットネット関連コンピュータの初の大規模な差し押さえとなった[95]。

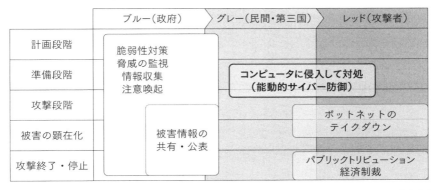

図6　対処領域とサイバー攻撃の時間軸

出所：筆者作成

94　US Department of Justice, "Coordinated Law Enforcement Action Leads to Massive Reduction in Size of International Botnet," April 27, 2011（https://www.justice.gov/archives/opa/blog/coordinated-law-enforcement-action-leads-massive-reduction-size-international-botnet）

84　|　第 2 章　サイバー空間における趨勢

表 6　米国がテイクダウンしたボットネット

時期	攻撃者・マルウェア	行った措置
2011年4月	Coreflood	C2サーバとドメインの差し押さえ、ボットの活動停止
2012年12月	Butterfly botnet	不明
2013年12月	ZeroAccess	不明
2014年4月	Zeus	不明
2014年5月	Blackshades	ドメインの差し押さえ、ボットの活動停止
2014年6月	GameOver Zeus	ドメインの差し押さえ、通信の遮断・転送
2015年4月	Beebone	ドメインの差し押さえ、通信の遮断
2015年10月	Bugat/Cridex/Dridex	通信の転送
2016年12月	Avalanche	ドメインの押収・シンクホール化、通信の転送
2017年4月	Kelihos	通信の転送、ボットとなったコンピュータの所有者への通知
2018年5月	VPNFilter	ドメインの押収、通信の転送
2018年11月	Kovter	ドメインの押収・シンクホール化、銀行口座の差し押さえ
2019年1月	Joanap	ボット内のコンピュータを模倣して被害者を見つけ、被害者に通知した
2019年9月	Kovter	ドメインの押収・シンクホール化、銀行口座の差し押さえ
2021年1月	Emotet	C2サーバの差し押さえ、マルウェアのすり替え、マルウェアの更新停止
2022年4月	Cyclops Blink	C2となっているデバイスからのマルウェア削除、ボットの通信・制御妨害
2022年6月	RSOCKS	被害者のデバイスを特定、ウェブサイトを差し押さえ
2023年1月	Hive	Hiveのコンピュータネットワークに侵入し、復号鍵を奪取して被害者に提供
2023年5月	Snake	侵害されたコンピュータに侵入しマルウェアを削除し、感染者に通知した
2023年8月	Qakbot	通信の転送、マルウェアをアンインストールするプログラムの配布
2024年1月	Volt Typhoon	ルータからマルウェアを削除し、C2となっているデバイスとの通信をブロック
2024年2月	Moobot	侵害されたルータのファイアウォールの設定を変更し攻撃者のアクセスを無効化、ボットネットからの切り離し
2024年5月	Flax Typhoon / Raptor Train	攻撃者のインフラを制御してマルウェアの無効化コマンドを送信

出所：各種資料から筆者作成

Corefloodは2001年に発見されて以来、継続的にアップデートさ
れ、感染範囲を拡大していた[96]。Corefloodが長期間にわたって活動
を継続できた背景には、高度なセキュリティ回避機能がある。感染
したコンピュータは定期的に攻撃者の管理するC2サーバに接続し、
指示を受け取る仕組みになっていた。また、C2サーバを介して自身
を定期的にアップデートすることで、ウイルス対策ソフトの検知を
回避していた。

　FBIはこの状況に対し、ボットネットの仕組みを逆手に取った対
策を講じた[97]。まず、ボットネットのC2サーバと、ボットとC2サー
バ間の通信に使用されていた29のドメイン名を押収した[98]。次に、
押収したC2サーバを別のサーバに置き換え、マルウェアの実行を停
止するコマンドをボットに送信した。これにより、C2サーバのボッ
ト制御機能を利用してマルウェアの更新を阻止し、被害者のコンピ
ュータ上でマルウェアを検知・削除できるようにした。

　アデオナ作戦はボットネットの規模を大幅に縮小することに成功
したが、課題も残った。FBIから通知を受けたインターネットプロバ
イダは、加入者にマルウェア感染の事実を通知し、修復ツールを提
供したものの、ツールの実行はコンピュータ管理者の自主的な行動

95　US Federal Bureau of Investigation, "Justice Department Employees in Connecticut Recognized at Attorney General Awards Ceremony," October 17, 2012（https://archives.fbi.gov/archives/newhaven/press-releases/2012/justice-department-employees-in-connecticut-recognized-at-attorney-general-awards-ceremony）

96　US-CERT, "Technical Information Paper-TIP-11-103-01 Coreflood Trojan Botnet," April 13, 2011（https://www.cisa.gov/sites/default/files/publications/TIP-11-103-01_Coreflood.pdf）

97　US United States Department of Justice, "Department of Justice Takes Action to Disable International Botnet," April 13, 2011（https://www.justice.gov/opa/pr/department-justice-takes-action-disable-international-botnet）

98　US District Court District of Connecticut, "GOVERNMENT'S SUPPLEMENTAL MEMORANDUM IN SUPPORT OF PRELIMINARY INJUNCTION," April 23, 2011（https://www.justice.gov/archive/opa/documents/coreflood-govt-supp.pdf）

に委ねられた。つまり、マルウェアの完全な排除には、個々の管理者が修復ツールを実行するかどうかが鍵となり、この点が対策の限界を示している。

　Corefloodマルウェアへの対処に続き、FBIは様々なボットネットやマルウェアに対する取り組みを国際展開した。2011年11月には、2年間にわたる「ゴーストクリック作戦」の結果、世界中の数百万台のコンピュータに感染し、インターネット広告業界を数十億ドル規模で操作していた国際的なサイバー犯罪組織を解体することに成功した。この作戦の成果として、2013年11月にはエストニア国籍の3名が米国に引き渡され、関連する罪で起訴された。

　2012年12月には、FBIはバタフライボットネット（Butterfly Botnet）と呼ばれる国際的なサイバー犯罪組織を壊滅させた。このボットネットは1,100万台以上のコンピュータシステムを侵害し、8億5,000万ドル以上の損失をもたらした。FBIは国際的な法執行機関と協力して複数の国で捜索令状を執行し、10名の容疑者を逮捕した。

　2014年には、FBIの活動がさらに活発化した。4月には、ゼウス（Zeus）マルウェアを使用して銀行口座情報を盗み出していた9名の容疑者を起訴した[99]。5月には、Blackshadesマルウェアの共同開発者とされる人物らを起訴し、このマルウェアに関連する大規模な捜査を行った。この捜査では、40以上のFBI支局が関与し、18カ国で90件以上の逮捕と300件以上の捜索が実施された。

99　US Department of Justice, "Nine Charged in Conspiracy to Steal Millions of Dollars Using 'Zeus' Malware," April 11, 2014（https://www.justice.gov/opa/pr/nine-charged-conspiracy-steal-millions-dollars-using-zeus-malware）

（2）国際協力と官民協力によるテイクダウン

同年6月、FBIは国際的な協力のもと、GameOver Zeusボットネットの阻止に乗り出した[100]。このボットネットは、それまでにFBIが対処したうち最も高度なボットネットとされ、世界中の企業や個人の資金を盗み出したといわれている。GameOver Zeusは、感染したコンピュータから銀行の認証情報を盗み、不正な送金を行う特殊なマルウェアであり、その被害額は1億ドル以上と推定されている。

日本においても警察庁やインターネットプロバイダが協力してGameOver Zeusのテイクダウン作戦に参加した。この作戦を通じて、ボットネットの関連サーバの押収、ネットワークの管理者の起訴、感染端末の特定、プロバイダ等を通じた感染端末利用者に対する不正プログラムの駆除が行われた。

これらの作戦に加え、FBIは2013年4月から、クリーンスレート作戦という民間企業や他国の機関と連携した取り組みを開始した[101]。この作戦は、米国の経済と国家安全保障を脅かす重大なボットネットを破壊・解体することを目的としている。FBIの国家サイバー捜査合同タスクフォースがこの作戦を主導し、その他の政府機関、他国の法執行機関、主要なインターネットプロバイダ、金融関連組織、民間企業と協力して実施した。

クリーンスレート作戦の目的達成に向けたアプローチは主に3つあった。まず、逮捕や技術的対策、セキュリティソフトウェアの更

---

100 US Department of Justice, "U.S. Leads Multi-National Action Against 'Gameover Zeus' Botnet and 'Cryptolocker' Ransomware, Charges Botnet Administrator," June 2, 2014（https://www.justice.gov/opa/pr/us-leads-multi-national-action-against-gameover-zeus-botnet-and-cryptolocker-ransomware）

101 US Federal Bureau of Investigation, "Taking Down Botnets," July 15, 2014（https://www.fbi.gov/news/testimony/taking-down-botnets）

新などにより、攻撃者の情報窃取能力を低下させることである。次に、攻撃者のコストを増加させることで、サイバー犯罪の採算性を悪化させることである。そして、法執行措置の可能性を示すことで、攻撃者の活動に不確実性をもたらすことである。

　この作戦の一環として、FBIはシタデル（Citadel）ボットネットのテイクダウンを最優先事項と位置づけた。このシタデルボットネットは個人や金融機関のコンピュータに不正にアクセスして、オンラインバンキングの認証情報やクレジットカード情報などを窃取し、推定5億ドル以上の被害をもたらしていた。FBIは作戦を通じてマイクロソフトや金融サービス企業と協力し、シタデルのマルウェアを利用して構築された1,000以上のドメインを差し押さえ、1,100万のコンピュータをシタデルの管理下から解放することに成功した。

　米国政府は民間企業と協力することでより効果的に攻撃者を追い詰めていった。マイクロソフトは、それまでにも民事訴訟を活用することでボットネットのテイクダウンを行っていたが、FBIやその他の民間団体と連携を強めていった。一方、FBIは海外の法執行機関にも情報を提供し、米国外のボットネット・インフラに対する自主的な対策を可能にした。国内では、ボットネットに関連する裁判所公認の捜査令状を取得し、執行することで、攻撃者を追い詰めた。

　シタデル作戦の成功を受けて、2013年12月にはFBIと欧州刑事警察機構（Europol）がマイクロソフトなどと協力し、ZeroAccessボットネットの破壊に成功した。ZeroAccessは主要検索エンジンの結果を標的とし、200万台以上のコンピュータを感染させ、オンライン広告主に毎月推定270万ドルの損害を与えていた。

　これ以降、米国はサイバー犯罪対策に関する法改正を行い、積極的な対策を推し進めた。特に、2016年12月1日以降、連邦刑事訴訟規則の第41条に基づく令状を使用して積極的な対策を行ってい

る[102]。この第41条に基づく令状は、以前は裁判所の管轄区域内にあるデバイスに対してのみ効力を持っていたが、規則の修正により特定の状況下では管轄区域外のデバイスに対しても効力を持つようになった。これにより、マルウェアに感染しているデバイスや、位置情報を隠そうとしているデバイスに対して、米国の法執行機関は国内のどこであっても、そのデバイスからデータをコピーすることや、押収、削除することができるようになった。すなわち、法改正によって米国の法執行機関は、規模の大きなテイクダウンをできるようになったのである。

（3）グレー領域への対処：
相手側が悪用するコンピュータを奪い返す

　2020年代から米国政府が実施した能動的サイバー防御に関連する作戦を紹介する。これらの事例は、2010年代までのC2サーバやドメインの差し押さえに加えて、相手側が悪用するコンピュータを奪い返すといった積極的な取り組みになっていることが特徴である。これらの事例は、今後の日本版能動的サイバー防御による作戦がどのようなものになるかを示している。

　この事例の背景にあるのは、ゼロデイ脆弱性の脅威、迅速な対応の重要性、サイバー空間における政府の役割の変化、そして法的・倫理的配慮の必要性である。ここでは、米国が2021年に行ったHafniumに対する作戦と2024年のVolt Typhoonに対する作戦を紹介することで2010年代との違いを明確にする。二つの作戦に共通するのは、米国が国内の潜在的なボットに侵入し攻撃者の管理下から奪い返した作戦であること、裁判所からの許可を得て実施したこと、および作戦を実施する数カ月前に、民間企業等に対して勧告や注意喚

102　US Congressional Research Service, "Disrupting Botnets: An Overview of Seizure Warrants and Other Legal Tools," May 16, 2024（https://crsreports.congress.gov/product/pdf/LSB/LSB11165）

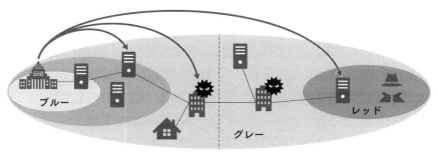

図7　ボットやC2サーバに対する対処

重要インフラ等に対する被害が顕在化する前に、相手方が悪用する機器に侵入し、コンピュータの設定変更やマルウェアの排除を行う

政府機関がレッド領域とグレー領域にあるコンピュータに侵入して
設定変更・排除／C2サーバとの通信を遮断

出所：筆者作成

起を行っていることである。

　米国政府の対応は、こうした呼びかけに応じなかった機器に対する最後の手段だったのである。政府による機器への侵入は、米国内であっても法執行機関による行き過ぎた対策のようにみえるが、これはあくまで攻撃に対する防御といえる。例えるなら、これらの作戦は侵入された家の開け放たれたドアに鍵をかける行為に近い。

（4）Hafnium

　2021年4月、米司法省は、国内の数百台の脆弱なコンピュータに不正に設置されたWebシェルと呼ばれる遠隔操作機能を削除した。この決断は、サイバーセキュリティにおける政府の役割の変化を象徴している。

　事の発端は、マイクロソフトのExchange Serverに対する大規模なサイバー攻撃だった。攻撃者は中国政府が支援するとされるHafnium（ハフニウム）という組織で、Exchange Serverの複数のゼロデイ脆弱

性を悪用し、電子メールアカウントへの不正アクセスやWebシェル
の設置を行っていた[103]。これにより、攻撃者は長期間にわたって被
害者のシステムにアクセスできる環境を構築していたのである。

この脅威に対し、マイクロソフトと米国政府は段階的な対応をと
った。まず、マイクロソフトは数カ月前からソフトウェアの更新を
通じてWebシェルの削除を開始。これによって2021年3月時点で約40
万台あった脆弱なExchange Serverの数を、8万2,000台にまで削減す
ることに成功した[104]。さらに、米国政府もFBIとCISAを通じて脆弱性
対策の実施を呼びかけ、この攻撃が中国に関連する可能性や、米国
の政府、学術・民間組織が標的となっていることを警告した[105]。

しかし、これらの努力にもかかわらず、一部のサーバが未対応の
まま残された。これらが潜在的な脅威となることを懸念した米国政
府は、ACDによる新たな対処を決断したのである。具体的には、裁
判所の許可を得た上で、FBIがWebシェルを削除するコマンドを対象
サーバに直接送信するという作戦を実行した。この作戦を、米司法
省は非常に慎重に実行していた。裁判所の許可範囲内でWebシェル
のみを削除するよう設計されたコマンドを入念にテストした上で使
用し、不必要なデータへの干渉を避けたのである。

（5）Volt Typhoon

2023年12月、米司法省は積極的にサイバー攻撃から民間の機器を
守る作戦を実行した[106]。この対処でも、中国政府が支援するハッカ

103　Microsoft, "HAFNIUM targeting Exchange Servers with 0-day exploits," March 2, 2021（https://www.microsoft.com/en-us/security/blog/2021/03/02/hafnium-targeting-exchange-servers/）

104　Microsoft, "Protecting on-premises Exchange Servers against recent attacks | Microsoft Security Blog," March 12, 2021（https://www.microsoft.com/en-us/security/blog/2021/03/12/protecting-on-premises-exchange-servers-against-recent-attacks/）

105　US CISA and the Federal Bureau of Investigation, "Joint CSA: AA-21-069 Compromise of Microsoft Exchange Server," March 10, 2021（https://www.ic3.gov/Media/News/2021/210310.pdf）

92 | 第2章　サイバー空間における趨勢

一集団ボルト・タイフーン（Volt Typhoon）によって乗っ取られた機器の制御を取り戻すため、裁判所の許可を得て機器に侵入し、マルウェアを除去したのである。

この攻撃の標的となっていたのは、CiscoやNetgear製の古いルータだった。これらの機器は製造元によるサポートが終了し、インターネット上で脆弱な状態に置かれていた。Volt Typhoonはこの脆弱性を悪用し、有事に混乱を引き起こすために潜伏したり、攻撃を中継するためのKVボットネットを構築し、攻撃の検知を回避するための足場としていた。

米国政府の対応は多岐にわたった。まず、乗っ取られたルータからマルウェアを削除し、攻撃者が利用する指揮統制用デバイスとの通信をブロックすることでボットネットとの接続を切断する措置も講じた。しかし、これらの対策は一時的なものに過ぎない。あくまでこの措置は回復可能なものであり、機器の再起動により元の脆弱な状態に戻る可能性があるためだ。

そのため米国政府は、根本的な対策として、寿命を終えたルータの交換を強く呼びかけている。同時に、対象となった機器の所有者や運用担当者に対し、裁判所が許可した作戦内容を事前に通知するなど、Hafniumのときと同様、慎重な対処を行った。

この作戦もまた、サイバー攻撃の被害を軽減するための最終手段だった。作戦の7カ月前の2023年5月、米国を含む5カ国の政府機関がVolt Typhoonによるサイバー攻撃に関する警告を発していた[107]。こ

106　US Department of Justice, "U.S. Government Disrupts Botnet People's Republic of China Used to Conceal Hacking of Critical Infrastructure," January 31, 2024（https://www.justice.gov/opa/pr/us-government-disrupts-botnet-peoples-republic-china-used-conceal-hacking-critical）

107　US National Security Agency, "NSA and Partners Identify China State-Sponsored Cyber Actor Using Built-in Network Tools When Targeting U.S. Critical Infrastructure Sectors," May 24, 2023（https://www.nsa.gov/Press-Room/Press-Releases-Statements/Press-Release-View/Article/3406058/nsa-and-partners-identify-china-state-sponsored-cyber-actor-using-built-in-netw/）

の警告では、家庭用ルータの保護方法や攻撃検知の方法が示され、民間事業者にも対策が呼びかけられていた。米CISAは、攻撃者が長期間にわたって重要インフラの情報システムにアクセスできていたことや、そこに設置された監視用カメラにアクセスできたことを指摘している[108]。また、同時に発表されたマイクロソフトのVolt Typhoonに関する報告書は、この組織が2021年中頃からグアムの重要インフラ事業者を標的としたサイバー攻撃を実施しており、将来紛争が起こった際に通信を妨害することが可能であったと指摘している[109]。

　これらのACDによる対処に共通していることは、近年の対処がサイバー攻撃の兆候があるときや攻撃の初期段階で被害が顕在化する前に行われていることである。また、潜在的な脅威となりうるグレーの領域のコンピュータに対して最終手段として行っていることもわかる。そして、法執行機関が裁判所の許可を得た上で作戦を実施し、その詳細を公開するなど、対処の透明性を確保していることである。

108　US Cybersecurity and Infrastructure Security Agency, "PRC State-Sponsored Actors Compromise and Maintain Persistent Access to U.S. Critical Infrastructure," February 7, 2024（https://www.cisa.gov/news-events/cybersecurity-advisories/aa24-038a）

109　Microsoft, "Volt Typhoon targets US critical infrastructure with living-off-the-land techniques | Microsoft Security Blog," May 24, 2023（https://www.microsoft.com/en-us/security/blog/2023/05/24/volt-typhoon-targets-us-critical-infrastructure-with-living-off-the-land-techniques/）

第 3 章

各国の
サイバー戦能力

Japan's Active Cyber Defense

A New Direction for National Security Strategy

この章について

●能動的サイバー防御は、攻撃的なサイバー作戦とは異なる。攻撃的なサイバー作戦は、先制攻撃や報復などの手段としてサイバー攻撃を用いる。一方、能動的サイバー防御はあくまで相手側の攻撃に対する防御を重視している。ここでは、攻撃的なサイバー作戦を紹介することでその差を示す。

●様々な国がサイバー戦能力を整備している。そこで、本章では他国のサイバー戦能力を比較する。サイバー戦能力を有する国の共通点は、サイバー戦の戦略上の重点化、攻撃的任務への注力、人材の不足である。いずれの国もサイバー戦を戦略上重要なものと位置づけており、その方針に従ってサイバー戦組織の規模や予算を拡大していた。

●各国はサイバー戦組織に関する情報を公開し始めた。サイバー戦組織の任務は自身の情報通信インフラを守るだけでなく、インテリジェンス収集やサイバー攻撃といったサイバー空間における攻撃的な任務を含んでいることも特徴である。中国やロシアは情報に関する安全保障の一部として、サイバー戦に取り組む姿勢がわかる。

3-1 国家によるサイバー攻撃

（1）米軍による攻撃的サイバー作戦の目的と成果

　これまで国家はどのようなサイバー攻撃を行ってきたのか。ここでは、米国が2016年に実施した攻撃的なサイバー作戦を紹介し、能動的サイバー防御と異なることを示す。

　結論からいえば、この例は、相手側の情報システムへの侵入や活動の妨害を目的としており、サイバー攻撃への対応ではない。また、作戦領域をみたときにも、相手の管理するサイバー空間に踏み入っている。そして、外交や司法手続きを経た最終手段ではないことなどから、先に挙げた能動的サイバー防御に共通した項目の延長線上にあるともいえない。

　2016年11月、米国政府はイラクとシリアのイスラム国（ISIS）に対してサイバー空間を通じた攻撃的な作戦を実施した。この作戦は「グローイング・シンフォニー（輝かしき交響曲）作戦」と呼ばれ、その目的は、ISISが展開するプロパガンダを含む情報戦、戦闘員の勧誘、または資金調達を妨害することにあった。2014年頃から準備が始まり、2016年にかけて行われたこの作戦は、ISISのインターネット上での活動を阻害することに成功したといわれている。

　この作戦の実施背景には、米国がISISに対抗するために新たな手法を模索していたことがある。米国を中心とする多国籍軍は、2014年からイスラム過激派組織やISISを撃滅する「生来の決意作戦

（Operation Inherent Resolve）」を実施していた。それまでにISISは、インターネット上でメッセージを暗号化するアプリ、ソーシャルメディア、派手なウェブサイトや動画等を利用して、自らのメッセージを拡散し、世界中から新メンバーを探し、他国に対する攻撃を行っていた。この作戦において、米国はISISが他のテロ組織とは異なる方法でウェブを武器として活用していることを認識し、その活動を封じ込める必要があった。

　そこで米国は従来の軍事作戦だけでなく、ISISのインターネット上での活動に対抗するためにサイバー空間での攻撃的な作戦を展開することを決断した。そして、2016年秋までに米サイバー軍と米国家安全保障局（NSA）の人員から構成されるJTF-ARESを編成した。

（2）国家が行うサイバー攻撃

　この輝かしき交響曲作戦の詳細については、司令官に対するインタビューを含む報道だけでなく、多くの公文書で公開されている[110]。それらによるとこのサイバー攻撃は、ISISのメディア活動を標的とし、その配信拠点を機能停止に追い込むとともに、長期的かつ持続的な妨害活動を行うことで、ISISのインターネットを通じた影響力の弱体化を目指した。

　その後、JTF-ARESは2016年の春から夏にかけてISISの活動を調査し、中核となる10台のコンピュータを特定し、それらを標的とした攻撃を開始した。NPRのインタビューに答えたJTF-ARESの隊員によれば、この攻撃において、JTF-ARESはフィッシングなどの手法を用いてISISのネットワークに侵入し、管理者権限を取得した。その後、暗号鍵やパスワードを手に入れたとのことである[111]。すなわち、米軍は我々が日常受けている攻撃手法を用いて、相手側のコンピュータの管理者権限を手に入れた。

米国メリーランド州フォートミードの作戦フロアでは、作戦開始後、隊員がISISの利用していたウェブサイトが利用できなくなったことを確認すると、作戦フロアの壁に掛かっていた標的の一覧表にあるIPアドレスやユーザー名に線を引いていった。作戦当時、米陸軍サイバーコマンドの司令官であったナカソネ中将は、最初の60分で作戦の成功がわかったと語っている。

攻撃の第一段階では、ISISのメディア配信拠点を機能停止に追い込んだ。米国の作戦担当はISISメンバーのアカウントに不正にログインし、パスワードを変更後、配信していた文書や動画等のファイルを削除した。その結果、ISISのオンラインマガジンや、多言語で展開していたウェブサイトを廃止に追い込んだ。

第二段階では、ISIS内部での混乱を引き起こすために、より巧妙な手法を用いた攻撃が行われた。米国側は、サイバー攻撃による影響を、ダウンロードの遅延、接続の切断、アクセス拒否など、インターネット上でよく起こる接続の問題に見せかけることができる攻撃を仕掛けた。これにより、ISISメンバー間に混乱と不信感を生み出すことに成功した。例えば、ISISメンバーが徹夜で編集した映像が目的地に届かないようにし、メンバー間の対立を煽るなどの心理作戦も展開された。

この作戦における問題は、文書や動画を保存・配信しているコンピュータの所在国であった。なぜなら、米軍の標的となっていたコンピュータは米国の管轄外にあり、ISISと無関係な組織の情報に影響を与えないようにしなければならなかったからだ。これらのコン

110と111　Dina Temple-Raston, "How The NSA And U.S. Cyber Command Hacked ISIS's Media Operation : NPR," September 26, 2019（https://www.npr.org/2019/09/26/763545811/how-the-u-s-hacked-isis）

ピュータにはISIS以外の利用者もおり、ISISと無関係なデータも保存されている。そこで米軍は、ISISに関係している情報のみを削除するよう慎重に作戦を計画するとともに、所在国との関係悪化を避けるための手段をとらなければならなかった。そのため、報道によれば米国内では関係国との関係悪化を懸念した中央情報局（CIA）、国務省、及びFBIが協議を行い、作戦の影響が出そうな15カ国に対して事前に作戦内容を通知したとのことである[112]。

作戦開始から6カ月後、ISISのメディア活動は大きく衰退した。動画や文書を掲載していた多くのサーバが利用不可能となり、ISIS側はそれらを再構築できなかった。これは、戦場の真っ只中で新しいサーバを入手することの困難さや、クレジットカードや銀行口座が利用できなくなったことによる資金決裁方法の欠如などが原因であった。

その後、JTF-ARESは、ISISが利用するネットワーク内にとどまり、継続的に作戦を行っているとのことである。JTF-ARESの司令官であったマシュー・グラビー（Mattew Glavy）少将によれば、同部隊はISISのメディア活動を抑え続けている[113]。

これらの作戦は成功したといわれている。米軍は、作戦に関する評価指標をいくつか設定したことがわかっているが、その詳細は機密指定が解除されていないため不明である。第三者による評価も行われており、ジョージワシントン大学でテロリストによるデジタル通信技術の利用を追跡しているアレクサンダー（Audrey Alexander）は、2016年2月から2017年4月にかけてISISのTwitter上での活動が下降傾向にあり、その後回復しなかったと指摘している[114]。すなわ

---

112 Ellen Nakashima, "U.S. military cyber operation to attack ISIS last year sparked heated debate over alerting allies," The Washington Post, May 9, 2017（https://www.washingtonpost.com/world/national-security/us-military-cyber-operation-to-attack-isis-last-year-sparked-heated-debate-over-alerting-allies/2017/05/08/93a120a2-30d5-11e7-9dec-764dc781686f_story.html?utm_term=.e1c754ff264f）

113 Dina Temple-Raston, "How The NSA And U.S. Cyber Command Hacked ISIS's Media Operation : NPR," September 26, 2019

ち、作戦によってISISに対する長期的かつ持続的な妨害活動は成果
を上げたといえる。

（3）持続的なサイバー攻撃が狙う効果

　輝かしき交響曲作戦は、国家によるサイバー攻撃の特徴をいくつ
か示している。まず、サイバー攻撃が長期的かつ持続的に行われる
ことである。米軍は、ISISのネットワークに侵入した後、継続的に
監視と攻撃を行い、敵の活動を常に妨害し続けた。また、この作戦
は単なる技術的攻撃にとどまらず、心理作戦の要素も含んでいた。
敵の組織内部に混乱や不信感を生み出すことで、より効果的な打撃
を与えることができた。

　さらに、サイバー攻撃が従来の軍事作戦と統合されつつあること
も明らかになった。地上部隊がISISを物理的に追い詰める一方で、
サイバー空間では彼らの通信や資金調達を妨害するという、総合的
なアプローチがとられた。

　米軍がサイバー攻撃の内容や効果について公開するのも、新しい
ことである。従来、米軍によるサイバー攻撃を伴う作戦の存在は、
公然の秘密であった。例えば、2010年にイランの原子力関連施設の
制御システムを攻撃したStuxnetは、米国とイスラエルが実施したと
いわれているが、両政府が公式に認めたものではない[115]。また、
2014年に起きたソニー・ピクチャーズへのサイバー攻撃では、米国
がこの攻撃を北朝鮮によるものであることを即時に指摘するなど、
米国が持つサイバー空間における能力を垣間見ることはあった[116]。

114　Audrey Alexander, "DIGITAL DECAY? Tracing Change Over Time Among English-Language Islamic State Sympathizers on Twitter," October, 2017（https://extremism.gwu.edu/sites/g/files/zaxdzs5746/files/DigitalDecayFinal_0.pdf）
115　Ellen Nakashima and Joby Warrick, "Stuxnet was work of U.S. and Israeli experts, officials say," The Washington Post, June 2, 2012（https://www.washingtonpost.com/world/national-security/stuxnet-was-work-of-us-and-israeli-experts-officials-say/2012/06/01/gJQAlnEy6U_story.html）

102 | 第3章 各国のサイバー戦能力

一方、輝かしき交響曲作戦は、その存在や内容について司令官や隊員がインタビューに答えただけでなく複数の文書が公開されているという点で、米国が詳細を公開した初めての作戦といえる[117]。

後に米サイバー軍司令官とNSA長官となるナカソネ大将は、今後の米国におけるサイバー空間での防衛が、サイバー空間で攻撃されるのを待つのではなく、攻撃があった場合にハッキングで反撃できるような行動をとると述べていた。また、支援チームを他国に派遣することや、米国からマルウェアを探すためにネットワークを捜索すること等の、世界中のインフラに影響を与える作戦も念頭に置いていた。

その後、この発言をなぞるように米サイバー軍は活動している。例えば、2021年夏にウクライナに対して支援チームを送ったことや、ハントフォワード作戦と呼ばれる、その他の国でマルウェアを探すための活動を行ったりする作戦を展開している。その規模は、ウクライナの場合、2021年末に10名だった派遣人数が、2022年末には39名となった[118]。また、ナカソネは、この派遣によってロシアからウクライナに対するサイバー攻撃を数多く阻止することができたと述べた。このように、米国のサイバー空間における作戦は、攻撃されるのを待つ姿勢ではなくなっている。

しかし、このような国家によるサイバー攻撃が公然となされるよ

---

116 ソニー・ピクチャーズに対するサイバー攻撃が発生したのは、2014年11月24日であった。これに対して米国政府が、サイバー攻撃を理由として北朝鮮に対して制裁を発表したのは2015年1月2日であった。US Whitehouse, "Executive Order – Imposing Additional Sanctions with Respect to North Korea," January 2, 2015 (https://obamawhitehouse.archives.gov/the-press-office/2015/01/02/executive-order-imposing-additional-sanctions-respect-north-korea)

117 National Security Archive, "USCYBERCOM After Action Assessments of Operation GLOWING SYMPHONY," January 21, 2020 (https://nsarchive.gwu.edu/briefing-book/cyber-vault/2020-01-21/uscybercom-after-action-assessments-operation-glowing-symphony)

118 US Department of Defense, "Partnering With Ukraine on Cybersecurity Paid Off, Leaders Say," December 2, 2022 (https://www.defense.gov/News/News-Stories/Article/Article/3235376/partnering-with-ukraine-on-cybersecurity-paid-off-leaders-say/)

うになったことは、新たな懸念も生み出している。米国がサイバー
兵器の存在を認め、その使用について語り始めたことで、他国も同
様の能力を追求する可能性が高まっている。これは、多くの国がサ
イバー空間における戦略環境に参加し、長期的には米国自身を含む
多くの国々を脅かす可能性がある。また、作戦の成功は持続的であ
るはずだが、相手側も異なる戦術をとるだろう。そのときに、その
成功は続くのかが課題である。

3-2 サイバー戦能力

　公表されている情報に基づけば、サイバー戦能力に最も多くの予
算を投じているのは、米国である。それ以外にも、英国、中国、ロ
シア、北朝鮮、イスラエル等が、サイバー戦組織を有しており、多
額の予算を投じていると考えられる。また、サイバー戦組織の任務

表7　サイバー戦組織、規模、予算の比較

国	サイバー戦組織	規模	予算
米国	サイバー軍、NSA	6,000名 （サイバー軍、2022年）	145億米ドル （2025年度、国防総省）
英国	国家サイバーセキュリティセンター（NCSC）、国家サイバー部隊等	740名(NCSC)、500名（サイバー軍、将来的に3,000名規模）	260億ポンド （2022年から2030年、政府全体）
中国	人民解放軍（情報支援部隊、軍事宇宙部隊、サイバーネットワーク部隊）、国家安全部、公安部	6万名 （推定）	不明
ロシア	情報作戦部隊、GRU（連邦軍参謀本部情報総局）、FSB（連邦保安庁）、SVR（対外情報庁）	不明	不明

出所：各種資料より筆者作成

は自身の情報通信インフラを守るだけでなく、インテリジェンス収集やサイバー攻撃といった、サイバー空間における攻撃的な任務を含んでいることも共通である。攻撃的な任務には、情報窃取によるインテリジェンス活動もあり、このような任務は諜報機関が担当していると考えられる。

　以降では、主要な国として米国、英国、中国、およびロシアについて、戦略、国家体制、サイバー戦能力の側面から分析する。

3-3 米国

（1）戦略文書

　米国は、1998年からサイバー空間に関する戦略を発表し続けてきた（表8）[119]。これらの戦略は、米国がサイバー空間の脅威を安全保障上の課題として他国より早くから認識していたことを示すとともに、脅威の変化に適応してきたといえる。

　例えば、2003年のブッシュ（George W. Bush）政権におけるサイバー空間の安全に向けた国家戦略（The National Strategy to Secure Cyberspace）では、重要インフラへのサイバー攻撃の防止、国家の脆弱性の軽減、被害と復旧時間の最小化といった戦略目標を掲げていた[120]。これらの戦略目標はオバマ政権、トランプ政権を経て2023年

119　クリントン（Bill Clinton）政権は大統領決定指令（Presidential Directive Decision）63を1998年に発出した。The White House, "PRESIDENTIAL DECISION DIRECTIVE/NSC-63," May 22, 1998（https://irp.fas.org/offdocs/pdd/pdd-63.htm）
120　The White House, "The National Strategy to Secure Cyberspace," February, 2003（https://www.cisa.gov/sites/default/files/publications/cyberspace_strategy.pdf）

に公開された戦略にも、重要インフラの防護、脅威アクターの崩壊と解体、レジリエンスの強化として引き継がれている。一方で、脅威への対処方針として国防総省が前方防衛と持続的関与といった新たな概念を導入するなど、時代に合わせて戦略を適応させてきたこともわかる。

　米国のサイバー戦に関する戦略文書は、国家安全保障戦略（National Security Strategy）、国家サイバーセキュリティ戦略（National Cybersecurity Strategy）、国防総省サイバー戦略（Cyber Strategy of the US Department of Defense）がある。以降ではバイデン政権が作成した戦略文書を中心にみていく。

　2022年に発表された国家安全保障戦略は、それ以前の戦略に引き続きサイバーセキュリティを重要課題として位置づけている[121]。その背景には、社会の重要インフラのデジタル化が進み、サイバー攻撃に対する脆弱性が増していることがある。この戦略は、特にロシアによるサイバー攻撃について言及するとともに、その影響が様々なサービスに広がるだけでなく、米国民を威圧する手段として使用

表8　米国のサイバーセキュリティに関する主要な戦略

政権	戦略（発行年）
クリントン	大統領決定指令63（1998）
ブッシュ	サイバー空間の安全に向けた国家戦略（2003）
オバマ	サイバーセキュリティ政策レビュー（2009）
トランプ	国家サイバー戦略（2018）
バイデン	国家サイバーセキュリティ戦略（2023）

出所：筆者作成

121　The White House, "National Security Strategy," October 12, 2022（https://www.whitehouse.gov/wp-content/uploads/2022/10/Biden-Harris-Administrations-National-Security-Strategy-10.2022.pdf）

されていることを指摘した。

　この国家安全保障戦略が挙げたサイバー分野における対応策の特徴は、同盟国やパートナーとの協力を重視している点である。具体的には、日米豪印によるQUADやパートナーと緊密に協力し、重要なインフラに関する標準の策定、レジリエンスの向上、共同で攻撃に対処する能力の構築といった項目を挙げた。

　また、サイバー空間をめぐる国際規範について、国連で承認された責任ある国家行動の枠組みを支持し、サイバー空間においても国際法が適用されるべきとの立場を示している。さらに、重要な国家機能や重要インフラを標的とするサイバー攻撃に対しては、すべての手段を用いて対応する方針を明確にしている。

　2023年に発表された米国の国家サイバーセキュリティ戦略は、国家によるサイバー空間における能力の使用について、新たなビジョンを打ち出すものであった[122]。この戦略は、バイデン政権が2021年から進めてきた官民連携、ランサムウェア対策、国際連携などのサイバーセキュリティ政策をふまえた戦略といえる。

　この戦略の中核となる考え方は、サイバーセキュリティに伴うリスクの配分を変えることである[123]。従来は個人、中小企業、地方自治体などの現場がリスクを担うものになりがちであったと指摘している。それに対して、この戦略は、デジタルエコシステムにおいて最も能力があり、有利な立場にある組織がより大きな責任を担うことによる防御体制の構築を目指している。すなわち、連邦政府やサービス・製品を提供する大企業がサイバーセキュリティに伴うリス

122　The White House, "National Cybersecurity Strategy," March 1, 2023（https://www.whitehouse.gov/wp-content/uploads/2023/03/National-Cybersecurity-Strategy-2023.pdf）

123　The White House, "FACT SHEET: Biden-Harris Administration Announces National Cybersecurity Strategy," March 2, 2023（https://www.whitehouse.gov/briefing-room/statements-releases/2023/03/02/fact-sheet-biden-harris-administration-announces-national-cybersecurity-strategy/）

ク低減に関する責任を負う方針への転換であるといえる。

　この戦略は、米国政府によるサイバーセキュリティ対策として5つの柱を掲げている。第一の柱は、重要インフラの防衛である。これまでの重要インフラ事業者による自主的な取り組みと情報共有中心の対策を転換し、必要な場合には強制力のあるサイバーセキュリティ要件を設定することを掲げた。これは運輸保安局（Transportation Security Administration：TSA）が2021年にコロニアル・パイプラインに対するサイバー攻撃を受けて発出した指令や、2022年の鉄道向けのサイバーセキュリティ対策指令をふまえた柱といえる[124]。

　第二の柱は、脅威アクターの崩壊と解体である。特にランサムウェアに関して、これを単なる犯罪としてではなく国家安全保障上の脅威として位置づけ、外交、情報、軍事、金融など、国力のあらゆる手段を用いて対応する方針を示している。具体的には前方防衛によってインテリジェンスを生成し、マルウェアを特定・公開するなど、米国政府がサイバー攻撃による被害顕在化の前に相手方による活動を妨害してきた実績をふまえた柱といえる。

　第三の柱は、セキュリティとレジリエンスを推進するための市場原理の形成である。これには、ソフトウェア開発企業への法的責任の検討が含まれている。これは、脆弱性を防ぐことはできないことを認めつつ、最も効果的に対処できる立場にある企業が責任を負うという考え方に基づいている。この点について、ヒーリー（Jason Healey）は、この2023年の戦略は、デジタルエコシステムの根底にある力学の根本的な変化を目指し、長期投資を優先するインセンティブの再調整をする根本的な転換を目指していると評価している[125]。

124　US Transportation Security Administration, "Security Directive Pipeline-2021-01B," May 29, 2022（https://www.tsa.gov/sites/default/files/sd_pipeline-2021-01b_05-29-2022.pdf）；US Transportation Security Administration, "sd-1580-82-2022-01.pdf," October 24, 2022（https://www.tsa.gov/sites/default/files/sd-1580-82-2022-01.pdf）
125　Jason Healey, "Twenty-Five Years of White House Cyber Policies," June 2, 2023（https://www.lawfaremedia.org/article/twenty-five-years-of-white-house-cyber-policies）

第四の柱は、様々な状況や攻撃に対して強靱かつ回復力のある未来への投資である。この戦略では、一時的な対症療法的な対応ではなく、システム自体の耐性と回復力を高める本質的な防御力の構築を重視している。これには次世代技術やインフラへの投資も含まれており、単に現在の脅威に対応するだけでなく、将来起こりうる様々な脅威に対しても持ちこたえられる強靱な体制の構築を目指している。

第五の柱は、国際的なパートナーシップの構築である。サイバー空間における脅威は本質的に国境を越えるものであることをふまえ、特にランサムウェア対策において国際的な連携を強化する方針を示している。例えば、2021年から米国家安全保障会議が主導するランサムウェア対策会議には、日本などのパートナー国や企業が参加し、攻撃手法等に関する情報共有や犯罪者を追い詰める活動を推進している[126]。

その後、ホワイトハウスの国家サイバー長官室が戦略の実施計画を策定した[127]。これは、戦略の実施に向けた具体的な実施項目を記述した年次計画に相当するものであり、それまでの進捗と取り組みを列挙している。例えば、2024年版の計画は、2023年の計画が挙げた実施項目のうち92％が完了したことを報告するとともに、上記の5つの柱に対する100項目の取り組みを記述している。

米国防総省サイバー戦略は、米サイバー軍の活動方針を詳述している[128]。2023年に公開されたこの戦略は、米サイバー軍による防

126　The White House, "FACT SHEET: Biden-Harris Administration Convenes Fourth Global Gathering to Counter Ransomware," October 2, 2024（https://www.whitehouse.gov/briefing-room/statements-releases/2024/10/02/fact-sheet-biden-%E2%81%A0harris-administration-convenes-fourth-global-gathering-to-counter-ransomware/）

127　The White House, "National Cybersecurity Strategy Implementation," July, 2023（https://www.whitehouse.gov/wp-content/uploads/2023/07/National-Cybersecurity-Strategy-Implementation-Plan-WH.gov_.pdf）; The White House, "National-Cybersecurity Strategy Implementation Plan Version 2," May, 2024（https://www.whitehouse.gov/wp-content/uploads/2024/05/National-Cybersecurity-Strategy-Implementation-Plan-Version-2.pdf）

御・攻撃、他の政府機関との連携、重要インフラの防衛などについて記載している。また、その基本方針は前方防衛と持続的関与によって特徴づけられている。

　サイバー空間の防御について、この戦略は国防総省情報ネットワーク（DODIN）の防護を目的として、すべてのデバイスや通信を監視し、認証・許可をすることで安全性を確保する。ゼロトラスト・アーキテクチャの導入や暗号化アルゴリズムの近代化を進める方針を示している。また、防衛産業基盤の防護に向けて、サイバーセキュリティ成熟度モデル認証プログラム（Cybersecurity Maturity Model Certification：CMMC）の実施や、中小企業を含む関連企業へのサイバーセキュリティサービスの提供を通じた防御力の強化方針を示している[129]。

　サイバー空間における攻撃的活動について、この戦略は米国本土に影響が及ぶ前に悪意あるサイバー活動を積極的に妨害する作戦を展開する方針を示した。これらの作戦は、武力紛争のレベルに達しない範囲で敵対者の活動を制限、妨害、または中断することを目的としている。

　この戦略は、国務省や司法省といった政府機関や他国との協力の重要性を指摘している。これは、近年の米国のサイバー作戦が米軍単独での実施ではなく、外交であれば国務省、法執行であれば司法省、情報活動などであればインテリジェンスコミュニティと連携して実施されることを反映している。また、同盟国およびパートナー国との協力のもと、悪意あるサイバー活動の追跡や二国間技術協力を通じて、ネットワーク上の脅威に対処する方針を示している。

128　US Department of Defense, "2023 DOD Cyber Strategy Summary," September 12, 2023（https://media.defense.gov/2023/Sep/12/2003299076/-1/-1/1/2023_DOD_Cyber_Strategy_Summary.PDF）

129　US Federal Register, "Cybersecurity Maturity Model Certification（CMMC）Program," October 15, 2023（https://www.federalregister.gov/documents/2024/10/15/2024-22905/cybersecurity-maturity-model-certification-cmmc-program）

なお、米サイバー軍による民間の重要インフラの防衛について、大統領の指示がある場合や、連邦機関からの適切な要請がある場合などの限定的な状況においてのみ、軍事力の投入が行われることを示している。

この戦略は、2018年に米国防総省が公開したサイバー戦略と比較すると、前方防衛や持続的関与といった概念を念頭に置いている点で共通している[130]。また、2018年の戦略の焦点は、サイバー空間における戦略的競争関係（Strategic Competition）で優位な立場を築こうとする点にあった。2018年の国家サイバー戦略は、競争環境下での任務遂行、米軍の優位性強化、重要インフラ保護、DODINの保護、政府・産業界・他国との連携を焦点としていたが、2023年の戦略はそれらが発展した内容であるといえる。

これ以外にも、米国には国家サイバーセキュリティ戦略に沿った政策文書が存在する。例えば、国務省の国際サイバー空間・デジタル戦略（United States International Cyberspace & Digital Policy Strategy）は米国務省によるサイバー分野の外交方針などを詳述している[131]。また、米サイバーセキュリティ・インフラストラクチャセキュリティ庁（CISA）によるサイバーセキュリティ戦略計画（CISA Cybersecurity Strategic Plan）は脅威に対抗する際の目標を設定し、評価項目を詳述している[132]。

---

130 US Department of Defense, "Summary Department of Defense Cyber Strategy," September 18, 2018（https://media.defense.gov/2018/Sep/18/2002041658/-1/-1/1/CYBER_STRATEGY_SUMMARY_FINAL.PDF）

131 US Department of State, "United States International Cyberspace & Digital Policy Strategy," May 6, 2024（https://www.state.gov/united-states-international-cyberspace-and-digital-policy-strategy/）

132 US Cybersecurity and Infrastructure Security Agency, "CISA Cybersecurity Strategic Plan FY2024-2026," August 4, 2023（https://www.cisa.gov/sites/default/files/2023-08/FY2024-2026_Cybersecurity_Strategic_Plan.pdf）

（2）国家体制

　米国のサイバー分野に関連する組織は、ホワイトハウスの国家サイバー長官室、CISA、国防総省、国務省、司法省、FBI、国家安全保障局などがある（図8）。

　このうち国家サイバー長官室は、ホワイトハウスにおいてサイバー政策全般の調整を担う組織である。2021会計年度国防権限法により設置されて以来、国家サイバーセキュリティ戦略に沿った実施計画や実施項目の優先づけをしている[133]。

　法執行の面では、司法省とFBIが中心的な役割を果たしている。FBIによる国家サイバー捜査統合任務部隊（National Cyber Investigative Joint Task Force：NCIJTF）は、警察などの法執行機関や諜報機関等の30以上の政府機関が参加する取り組みであり、サイバー脅威の捜査

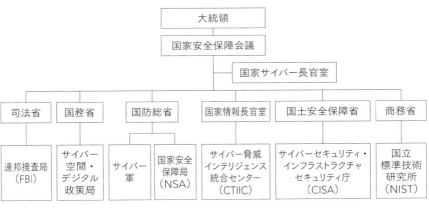

図8　米国政府のサイバー関連組織

出所：筆者作成

133　William M.（Mac）Thornberry National Defense Authorization Act for Fiscal Year 2021, Pub. L. No. 116-283, § 1752（a）, 134 Stat. 3388, 4144（2021）

に関する情報の調整、統合、共有を行っている[134]。

　外交面では、サイバー空間とデジタル政策の専門部局として、国務省にサイバー空間・デジタル政策局（Bureau of Cyberspace and Digital Policy）を新設した[135]。この組織は、国際連携や能力構築といった外交政策を主導・調整・推進する役割を担っている。

　重要インフラ保護に関しては、CISAが中心的な役割を果たす。米国政府は電力や通信などの16分野の事業を重要インフラと指定している[136]。各分野を所管する省庁はセクター・リスク管理機関（SRMA）と呼ばれ、CISAは重要インフラのセキュリティとレジリエンスのための調整役としてSRMAと連携している。また、CISAは米国内のサイバーセキュリティインシデントに関する情報について、被害組織から直接得る、情報共有連携から得る、観測して得るという3つの手段を持っている。

　そして、CISAやFBIはサイバーセキュリティに関連した分析や情報共有を行っている。例えば、脅威に関する早期警戒情報、インシデントに関連する情報、脆弱性に関する情報など、セキュリティおよびランサムウェア関連の情報を収集・分析し、共有することで、民間企業等のサイバーセキュリティに対する注意喚起を行っている。また、CISAはFBIなどの政府機関と共同で、様々なランサムウェアの亜種やランサムウェアの脅威の主体について詳しく説明した勧告を出す取り組みを、2023年までに60件以上継続的に行っている。

134　US Federal Bureau of Investigation, "National Cyber Investigative Joint Task Force," （https://www.fbi.gov/investigate/cyber/national-cyber-investigative-joint-task-force）

135　US Department of State, "Establishment of the Bureau of Cyberspace and Digital Policy," April 4, 2022 （https://www.state.gov/establishment-of-the-bureau-of-cyberspace-and-digital-policy/）

136　The White House, "Presidential Policy Directive/PPD-21: Critical Infrastructure Security and Resilience," February 12, 2013 （https://www.cisa.gov/sites/default/files/2023-01/ppd-21-critical-infrastructure-and-resilience-508_0.pdf）; US Cybersecurity Infrastructure Security Agency, "Critical Infrastructure Sectors," （https://www.cisa.gov/topics/critical-infrastructure-security-and-resilience/critical-infrastructure-sectors）

その他にも、CISAやFBIは組織横断・官民連携の取り組みを行っている。官民連携については、2021会計年度国防権限法に基づき、CISAは統合サイバー防衛共同体（Joint Cyber Defense Collaborative：JCDC）を設置した。JCDCは、官民における情報共有、共同での防御計画の策定・実行、および警戒情報の策定を通じたパートナーシップを推進するための取り組みを担う[137]。また重要インフラにおけるサイバーインシデント報告法に基づき設置された統合ランサムウェアタスクフォースは、ランサムウェア対策のためにCISAとFBIによる政府内組織横断での調整を行うこととなっている[138]。

国家情報長官室は、米国のインテリジェンスコミュニティの中心となる組織である。サイバー分野では、脅威情報を集約するサイバー脅威情報統合センター（Cyber Threat Intelligence Integration Center：CTIIC）を擁している。このCTIICは、CISA、FBI、国防総省、NSA、CIAなどが個別に収集しているサイバー脅威情報を集約し、攻撃者の特定や分析結果をもとに迅速な対応策を講じることを目的に、2015年に設立された[139]。

国防総省ではサイバー軍と国家安全保障局がサイバー戦能力の主要な部分を担っている。サイバー軍は米軍の機能別統合軍の一つである。2009年6月23日にロバート・ゲーツ国防長官がサイバー軍の設立を指示し、2010年5月21日に初期作戦能力の整備が完了した[140]。このときは戦略軍の隷下に組織されていたが、その後2018年に統合

137　US Cybersecurity Infrastructure Security Agency, "JCDC FAQs,"（https://www.cisa.gov/topics/partnerships-and-collaboration/joint-cyber-defense-collaborative/jcdc-faqs）
138　US Cybersecurity Infrastructure Security Agency, "Joint Ransomware Task Force,"（https://www.cisa.gov/joint-ransomware-task-force）
139　The White House, "FACT SHEET: Cyber Threat Intelligence Integration Center," February 25, 2015（https://obamawhitehouse.archives.gov/the-press-office/2015/02/25/fact-sheet-cyber-threat-intelligence-integration-center）
140　U.S. Cyber Command, "U.S. Cyber Command History,"（https://www.cybercom.mil/About/History/）

114 | 第3章　各国のサイバー戦能力

表9　米国のサイバー関係予算

会計年度	予算額（10億ドル）
2019	6.1
2020	7.4
2021	8.5
2022	9.4
2023	10.5
2024	12.2
2025	12.3

出所：米国行政予算局による大統領予算案分
　　　析的展望編（Analytical Perspective）
　　　から筆者作成

表10　米国防総省のサイバー関係予算要求額

会計年度	サイバー関係予算 （10億ドル）	国防総省予算 （10億ドル）	国防総省予算に占める サイバー予算の割合
2013	3.9	578	0.67％
2014	4.7	581	0.81％
2015	5.1	560	0.91％
2016	5.5	580	0.95％
2017	6.7	606	1.11％
2018	8	671	1.19％
2019	8.6	685	1.26％
2020	9.6	718	1.34％
2021	9.8	705	1.39％
2022	10.4	715	1.45％
2023	11.2	773	1.45％
2024	13.5	842	1.60％
2025	14.5	850	1.71％

出所：米国防総省 年度予算要求資料より筆者作成

軍のひとつに格上げされた。また、NSAは国家安全保障システムの管理や情報収集などを担っている。

　予算についてみると、米国のサイバーセキュリティ予算は毎年増加している。2024年度に米行政管理予算局が公開した2025年度予算では、国防総省を除いた主要な連邦政府機関のサイバーセキュリティ予算は123億ドル（約1兆8,450億円）である[141]。その内訳をみると、最も大きい割合を占めるのがCISAを擁する国土安全保障省（26%）、続いて財務省（10%）、FBIを擁する司法省（9%）であった。

　国防総省のサイバー関係予算も毎年増加している。2025年度予算では、サイバー関係の予算は145億ドル（約2兆1,750億円）であり、国防総省予算の1.7%を占めている（表10）。2023年度から2025年度までの直近の3年間では平均して11.8%増加している。

（3）サイバー戦能力

　米国のサイバー戦能力は、世界トップレベルの洗練性、広範性、深さを備えているといわれている。これらは、NSAやサイバー軍によるサイバー能力、海外での秘密任務を担うCIAの補完的な民間主導のサイバー能力、そして国内安全保障を任務とするFBIの能力として表れている。また、米国のサイバー戦の能力は、ファイブ・アイズ同盟を中核とする多くの国際的協力関係を通じてさらに強化されている。

　米国の攻撃的サイバー能力は、これまで行われた作戦からわか

141　GovInfo, "Analytical Perspectives, Budget of the United States Government, Fiscal Year 2025 15. Information Technology and Cybersecurity Funding," March 11, 2024（https://www.govinfo.gov/content/pkg/BUDGET-2025-PER/pdf/BUDGET-2025-PER-4-4.pdf）

る。例えば、2008年のStuxnetは、複数のマルウェアによる侵入、持続的なシステム監視、そして最終的にはイランの約1,000台のウラン濃縮用遠心分離機に物理的な損害を与えた。報道によると、米サイバー軍は2018年に選挙への干渉を防ぐため、ロシア政府が関与する組織に対するサイバー攻撃を行ったといわれている[142]。さらに、2019年に米国の無人機撃墜に対する報復として、イランに対するサイバー攻撃を承認したといわれていることから、様々な場合に対処できるサイバー攻撃が可能な能力を保有していることがわかる[143]。

　米国防総省は、世界でも屈指のサイバー空間における能力を保持している組織であると同時に、世界で最も攻撃を受ける組織でもある。そのため、国防総省はインターネット登場以前の1960年代からコンピュータシステムに対する脅威の研究を始めており、1972年にはコンピュータの制御機能および技法に関する基本方針を示す指針とマニュアルを発表している。1998年12月にはCYBERCOMの前身となるJoint Task Force on Computer Network Defense（JTF-CND）を設立した。その後、JTF-CNDは宇宙軍の隷下に置かれていたが、多くの組織再編を経て2018年にCYBERCOMとして統合軍の一つとなった。

　2018年に米統合参謀本部が公開したサイバー作戦に関する文書は、米国防総省が実施する作戦の種類を詳述している。国防総省が実施するサイバー空間における作戦は、軍事、インテリジェンス、事務処理など幅広くある。そのため、他国のサイバー空間に対する攻撃的作戦だけでなく、国防総省の運用するネットワークの保護等

142　Ellen Nakashima, "U.S. Cyber Command operation disrupted Internet access of Russian troll factory on day of 2018 midterms," The Washington Post, February 27, 2018（https://www.washingtonpost.com/world/national-security/us-cyber-command-operation-disrupted-internet-access-of-russian-troll-factory-on-day-of-2018-midterms/2019/02/26/1827fc9e-36d6-11e9-af5b-b51b7ff322e9_story.html）

143　Ellen Nakashima, "Trump approved cyber-strikes against Iranian computer database used to plan attacks on oil tankers", The Washington Post, June 23, 2019（https://www.washingtonpost. com/world/national-security/with-trumps-approval-pentagonlaunched-cyber-strikes-against-iran/2019/06/22/250d3740-950d11e9-b570-6416efdc0803_story.html）

の情報システム運用を包含している（図9）。国防総省のサイバー空間における作戦は、情報の利用に焦点を当てた情報作戦（Information Operation）よりも広い範囲を念頭に置いており、統合参謀本部の文書では次のように命令の目的や意図によって分類分けをしている。

- 攻撃的サイバー作戦（Offensive Cyberspace Operations：OCO）サイバー空間、およびこれを通じた戦力投射を意図した作戦
- 防御的サイバー作戦（Defensive Cyberspace Operations：DCO）国防総省および友好関係のある勢力のサイバー空間の防護。受動的防御（Passive Defense）や能動的防御（Active Defense）
- 国防総省内部の運用（DODIN Operation）国防総省全体の通信ネットワークの設計、構築、設定、安全確保、運用、維持など

これらは、作戦によっては複数の分類にまたがる場合もある。例えば、米国防総省が管理するネットワークの防護は防御的サイバー

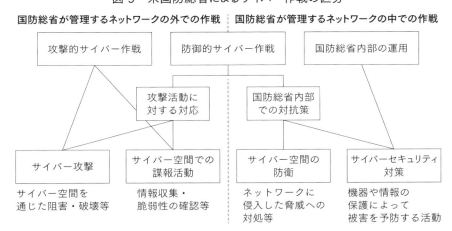

図9　米国防総省によるサイバー作戦の区分

出所：米統合参謀本部の資料をもとに筆者作成

作戦と国防総省内部の運用、国防総省が管理するネットワーク外での作戦の場合は攻撃的サイバー作戦と防御的サイバー作戦にまたがっている。このような状況をふまえ、サイバー空間における行動を計画・承認・評価するためには、指揮官および隊員が目標の達成に必要な行動とその影響を理解する必要性を指摘している。

また、サイバー軍の組織構成については陸・海・空・海兵隊のサイバー部隊と133のCyber Mission Force（CMF）から構成される。四軍からは2nd Army（ARCY）、10th Fleet（FLTCY）、24th Air Force（AFCY）、MAR4CYがCYBERCOMを支援している。2020年時点でCYBERCOMは1万2,000名以上の要員を擁し、そのうち約6,000名が軍および国防総省関係者であり、その予算は年間約7億ドルであった[144]。また、予算要求をみると、2024年度が16億5,130万ドル、2025年度が17億574億ドルであり、予算額が増えていることがわかる[145]。

3-4 英国

（1）戦略文書

英国はサイバー防衛を1990年代後半以降、国家安全保障上の優先

---

144 U.S. Cyber Command, "Executive Director, USCYBERCOM," (https://web.archive.org/web/20201223170318/https://www.cybercom.mil/About/Leadership/Bio-Display/Article/1651709/executive-director-uscybercom/).

145 US Department of Defense, "Fiscal Year 2024 Budget Estimates United States Cyber Command," March 23, 2023 (https://comptroller.defense.gov/Portals/45/Documents/defbudget/fy2024/budget_justification/pdfs/01_Operation_and_Maintenance/O_M_VOL_1_PART_1/CYBERCOM_OP-5.pdf）；US Department of Defense, "Fiscal Year 2025 Budget Estimates United States Cyber Command," March 11, 2024 (https://comptroller.defense.gov/Portals/45/Documents/defbudget/FY2025/budget_justification/pdfs/01_Operation_and_Maintenance/O_M_VOL_1_PART_1/CYBERCOM_OP-5.pdf)

事項として位置づけている。2008年の国家安全保障戦略以降、サイバー分野を外交・防衛・経済などにおける重要な要素として戦略文書で取り上げている。近年では、英国政府が2023年3月に発行した「競争的時代におけるグローバル・ブリテン：安全保障、防衛、開発及び外交政策の統合レビュー」においても、サイバー分野への注力を明示した[146]。具体的には、英国の国家目標として、サイバー大国として科学技術の強化を優先するなど、サイバー分野へ注力する姿勢を明確化している。

　また、この戦略文書では、英国政府がサイバー空間上の脅威に対処する際、攻撃的な能力を含めて活用していく方針を示している。その記述をみると、武力紛争に至らない国家および非国家による脅威に対処する能力の強化、レジリエンスの向上、および情報作戦や攻撃的な手段等を含む広範囲なツールの開発などを掲げている。この攻撃的な手段に関して、国家サイバー部隊（National Cyber Force：NCF）を通じた攻撃的なサイバー能力を活用した防衛に言及するなど、国家安全保障のためにサイバー空間上での攻撃的な能力を活用することがわかる。また、この戦略はサイバーセキュリティと防衛を中心としながらも、攻撃能力の開発についても明確に言及していた。

　攻撃的な能力について、英国政府は2023年にNCFに関する活動指針「責任あるサイバーパワーの実践（Responsible Cyber Power in Practice）」を発表した[147]。これは英国のサイバー作戦の運用原則と施行プロセスを初めて明らかにした文書である。NCFは2020年12月

146　HM Government, Integrated Review Refresh 2023: Responding to a more contested and volatile world, March 2023（https://www.gov.uk/government/publications/integrated-review-refresh-2023-respondingto-a-more-contested-and-volatile-world）

147　HM Government, "Responsible Cyber Power in Practice," April 4, 2023（https://www.gov.uk/government/publications/responsible-cyber-power-in-practice）

に公式に設立され、2014年から国防省と政府通信本部（GCHQ）が実施していた国家攻撃的サイバープログラム（National Offensive Cyber Programme：NOCP）を引き継いだ。

　サイバー分野に特化した戦略をみると、英国政府は2009年に最初の国家サイバーセキュリティ戦略（National Cyber Security Strategy：NCSS）を策定して以来、2011年、2016年、および2021年にそれを更新してきた。

　2021年に発表した国家サイバー戦略2022（National Cyber Strategy 2022：NCS2022）では、5つの柱を戦略フレームワークとして提示した[148]。これらの柱は、第一に産官学の人材やスキルへの投資などのサイバーエコシステムの強化、第二にレジリエンスと繁栄するデジタル英国の構築、第三に技術開発の主導、第四に安全で繁栄し開かれた国際秩序に向けたリーダーシップと影響力の強化、そして第五に安全保障を強化するための敵対者の検知、妨害、および抑止である。

　この戦略は、英国政府が過去10年間に実施してきた施策を振り返り、英国のACDプログラムを最も革新的で画期的な取り組みであったと評価している。その理由として、ACD導入以来、防御的なサイバーセキュリティ対策において多くの成果があったと指摘している。

　また、2022年の国家サイバー戦略は、2030年までに英国政府が取り組む課題や目標を設定している。取り組む課題には、サイバー空間におけるリスクの性質を理解すること、サイバー攻撃を防止および阻止するためのシステムを保護すること、攻撃の影響を最小限に抑えることが挙げられている。また、2025年までに重要な政府機関

148　HM Government, "National Cyber Strategy 2022," December 15, 2021（https://www.gov.uk/government/publications/national-cyber-strategy-2022）

においてサイバー攻撃に対する防御を強化し、2030年までにすべての政府機関が既知の脆弱性や攻撃方法に対して耐性を持つことを定めている。さらに、2018年に施行したネットワークおよび情報システム規制に基づき交通、水道、エネルギー、医療などの日常的なサービスの提供に不可欠なネットワークおよび情報システムのサイバーセキュリティを強化するための措置を行うことを表明した。

　英国のサイバー戦略は、継続性を持って発展している。2016年の国家サイバーセキュリティ戦略では、防御、抑止、開発という戦略フレームワークを用いていた[149]。このうち開発の項目では、国のサイバー産業能力、スキル基盤、関連する分析能力が含まれている。

　サイバー分野への予算割り当てをみると、英国政府は財政緊縮期にもかかわらず、サイバー能力への投資を増加させており、2022年から3年間で26億ポンドを投じることを明らかにした（表11）。この予算額は、従前の戦略で示した予算額よりも大幅に大きくなっていた。それ以前の予算をみても2016年から2021年までの計画では投資額を19億ポンドに増やしている。これらの予算増額は、それまでの取り組みでは急速に変化する脅威に対して、規模とスピードを要す

表 11　英国のサイバー関連予算

期間	予算額	根拠文書
2011～2015年	8億6,000万ポンド	サイバーセキュリティ戦略（2009年、2011年） 国家サイバーセキュリティプログラム（2010年）
2016～2021年	19億ポンド	国家サイバーセキュリティ戦略NCSS（2016年） 国家サイバーセキュリティプログラム（NCSP 2016-2021）
2022～2024年	26億ポンド	国家サイバー戦略（2022年）

出所：各種資料から筆者作成

149　HM Government, "National Cyber Security Strategy 2016 to 2021 - GOV.UK," November 1, 2016
（https://www.gov.uk/government/publications/national-cyber-security-strategy-2016-to-2021）

122 | 第3章　各国のサイバー戦能力

る対処を実現できていなかったという認識に基づいている。

（2）国家体制

　英国のサイバー分野に関連する主な組織は、国家サイバーセキュリティセンター（NCSC）、NCF、国家犯罪対策庁（NCA）、科学イノベーション省（DSIT）、国家サイバー諮問委員会（NCAB）である。

　NCSCは、GCHQ傘下にある総合的なサイバー関係組織であり、実践的なガイダンスの提供、英国全体における被害の局限化を目的としたインシデント対応、産業界・学術界の知見を英国におけるサイバーセキュリティ能力として活用すること、政府・民間のネットワークを保護することによるリスクの低減を目指している[150]。

　英国は米国とは異なり、防御的および攻撃的な軍事サイバー作戦を統一的に指揮・管理する軍事サイバー司令部を設置していない。その代わり、NCFという複数の組織から構成される部隊を創設した。NCFは政府通信本部（GCHQ）の関連サイバー部門と、国防省、秘密情報局（SIS）、国防科学技術研究所の関連部門を指揮下に統合した部隊である。

　特にGCHQは過去30年間にわたり、サイバー空間から必要な幅広いインテリジェンスを入手できるように能力を適応させてきた。GCHQの能力は、米国との長年にわたる緊密な協力関係と、米国・カナダ・英国・オーストラリア・ニュージーランドが結んだUKUSA協定による情報共有によってさらに強化されている。

　2020年に設立されたNCFは、サイバー空間での脅威への対抗と英国の安全確保、国益保護を担う組織である[151]。特にNCFは、英国政

150　UK National Cyber Security Centre, "About the NCSC,"（https://www.ncsc.gov.uk/section/about-ncsc/what-we-do）

府のサイバー空間における攻撃的な作戦を実施する組織である。報道によると、NCFの予算は2億5,000万ポンド、設立時の要員は500名であり、将来的に2,000名、または3,000名になるといわれている[152]。

　英国政府は、NCFの主要な活動を3つの領域に分類している。第一に、テロリストや犯罪者、敵対的な国家による脅威への対抗である。第二に、データの機密性や完全性、可用性を脅かすサイバーセキュリティ上の脅威への対処である。第三に、英国の国防活動への貢献と外交攻策の実現支援である。

　NCFは現在、さらなる発展に向けて次の3つの課題に取り組んでいる。第一に、政府の要求に応えるための規模拡大である。第二に、グローバルに活動する敵対者に対処するための技術的能力と準備態勢の整備である。第三に、法執行機関や情報・安全保障コミュニティ、国際的な同盟国との効果的な統合である。

　また、英国政府は責任あるサイバーパワーの実践において、NCFの実務的な課題を指摘している。具体的には、人材とスキルの確保、急速に進化するサイバー技術への追随、リソースの効果的な優先順位づけ、作戦効果の測定、組織開発などである。これらの課題に対しては、国家サイバー戦略のもとで政府横断的なアプローチによって解決する方針を示している。

（3）サイバー戦能力

　英国は少なくとも2000年代初頭からサイバー能力を開発、使用し

151　UK Ministry of Defence, "National Cyber Force Transforms country's cyber capabilities to protect UK," November 19, 2020（https://www.gov.uk/government/news/national-cyber-force-transforms-countrys-cyber-capabilities-to-protect-uk）

152　Telegraph, "Britain steps up cyber offensive with new £250m unit to take on Russia and terrorists," September 21, 2018（https://www.telegraph.co.uk/news/2018/09/21/britain-steps-cyber-offensive-new-250m-unit-take-russia-terrorists/）；Matt Burgess, "The UK created a secret, elite hacking force. Here's what it does," WIRED, November 20, 2020（https://www.wired.com/story/national-cyber-force-uk-defence-gchq/）

てきた。2013年に初めて攻撃的サイバー能力の整備を公言し、サイバー能力を使用して脅威を抑止するとともに、対抗する用意があることを表明した。

　閣僚の発言をみると、英国はこれまでに実際に行ってきた攻撃的なサイバー能力を少しずつ明らかにしている。GCHQは2000年以降、特に国際的なテロリストに対する混乱を引き起こす認知効果を目的として、攻撃的なサイバー技術の開発と利用を先駆的に進めてきた。2013年にはハモンド（Philip Hammond）国防相がサイバー空間における攻撃能力を持つことを表明[153]。国防省は防衛サイバープログラム（Defence Cyber Programme）を通じて、サイバー空間における能力を構築していた。その後、攻撃的なサイバー能力の利用について、2016年10月にファロン（Michael Fallon）国防相がイスラム国に対する攻撃を実施していることを表明していた[154]。

　さらに2018年にもフレミング（Jeremy Fleming）GCHQ長官がイスラム国に対するサイバー攻撃を実施したことを語っている[155]。この作戦では、英国側がイスラム国のオンライン活動を妨害し、相手の利用している機器やネットワークを破壊したと述べている。また、フレミング長官は、英国が実施した攻撃に関して、標的を絞ったサイバー攻撃がいかに効果的であったかを述べていた。

　攻撃的サイバー能力の開発は、GCHQと国防省が2014年から実施した国家攻撃的サイバープログラム（NOCP）のもとで行われた。NOCPは平時における影響力および情報操作に必要な能力から、戦闘に関連する能力まで、あらゆる能力の開発を通じて、英国の攻撃

153　Richard Norton-Taylor, "Britain plans cyber strike force - with help from GCHQ," The Guardian, September 30, 2013（https://www.theguardian.com/uk-news/defence-and-security-blog/2013/sep/30/cyber-gchq-defence）

154　BBC, "Michael Fallon: Britain using cyber warfare against IS," October 20, 2016（https://www.bbc.com/news/uk-37721147）

155　"Director's speech at Cyber UK 2018 - GCHQ.GOV.UK,"（https://www.gchq.gov.uk/speech/director-cyber-uk-speech-2018）

的サイバー対策に変化をもたらした。

　また、2016年2月にモーダント（Penny Mordaunt）国防相は、英議会において、国家サイバーセキュリティプログラムの一部である防衛サイバープログラムが、軍のサイバー空間における防御・攻撃・訓練・情報とインテリジェンス・戦略的指揮を包含するプログラムであることを述べている[156]。2016年に発表された国家サイバーセキュリティ戦略は、英国がNOCPを通じてサイバー空間における攻撃的な能力を保持していることを明言した。その後、このNOCPは2020年にNCFに統合された。

　近年の英国のサイバー空間における作戦の特徴は、相手方に耐えがたい打撃を加えるとの威嚇を用いて相手の行動を止めさせようとする懲罰的抑止からの転換である。実際、2022年の国家サイバー戦略は、既存の抑止に用いてきた手法について、攻撃者のリスク計算を根本的に変えていないと評価した。また、責任あるサイバーパワーの実践でも、戦略的抑止における攻撃的なサイバー作戦の有効性を示す証拠が乏しいことを認めている。

　代わってNCFが採用しているのは、認知効果を重視した作戦である。これは、相手がデジタル技術に依存していることを利用して、その行動を変えることを目的とした作戦である。このアプローチについて英国政府は、慎重に選んだ相手を混乱または信用を失墜させることで、弱体化させることが可能であると指摘している。

　また、認知効果を重視した作戦は、デジタル技術やその提供する情報への信頼を損なわせる効果も期待できる。それを狙って、NCFは情報をひそかに公開し、敵の思考に曖昧さを生じさせていくのである。

156　UK Parliament, "Question for Ministry of Defence," February 10, 2016（https://questions-statements.parliament.uk/written-questions/detail/2016-02-10/26767）

認知効果を重視した作戦には、敵対者がデータへのアクセスや意思決定を行うために使用しているシステムに影響を与えたり、デジタル技術やその技術が提供する情報に対する信頼を損なわせたりするものもある。また、通信システムを妨害し、重要な局面で互いに連絡をとれなくすることなども含まれる。これは、米サイバー軍がイスラム国に対して行った「輝かしき交響曲作戦」と同じ概念に基づいているといえる。

この作戦の特徴は、システムを完全に無効化するのではなく、長期間にわたってその機能性や有効性に影響を与えることを重視している点にある。作戦は秘密裏に行われ、時には敵対者が受けている影響がサイバー作戦によるものであることに気づかないようにしている。この曖昧性が認知効果を増幅させる効果を持つとされる。

英国政府は、NCFの実施する作戦について、サイバー空間という環境の特性や相手方の反応に合わせた動的で対象を絞った作戦を想定している。英国政府は、サイバー空間について絶え間なく機会と脅威を特定する必要のある動的な環境であるとの認識を示した。また、特定の標的に対して繰り返し作戦を実施することが必ずしも効果的であるかどうかはわからないため、相手方の反応に合わせた作戦を行うなど、作戦は動的であるべきであると述べている。

また、NCFは他の英国政府機関と調整の上で実施する行動も重視しており、作戦は同盟国を含む他のパートナーが関与する、より広範なものであると述べている。前述したフレミング長官の発言を考えれば、これらは2018年に英国が行ったイスラム国に対するサイバー作戦から得た知見をもとに作られた概念だといえる。

英国政府は、NCS2022等の戦略文書で、サイバー空間における能力を行使する際には国内法および国際法で定められた厳格な基準に

従って使用すると述べている。軍事的効果を目的とする場合は、国防大臣が主導する標的選定プロセスを通じて進めなければならず、攻撃を軍事目標に限定すること等の国際人道法に沿って行使することとしている。

　サイバー作戦に関連する国内法についてみれば、英国は様々な法的・倫理的枠組みを備えている。具体的には、1994年情報サービス法、2016年調査権限法、2000年調査権限規制法といった法的枠組みがNCFの活動の根拠になる。また、外務・英連邦・開発大臣と国防大臣による共同の説明責任体制、情報調査局長官による継続的な見直し、議会の情報・安全保障委員会による監督など、重層的な監督体制を敷いている。

　米国との比較では、両国ともに国家防衛、抑止力、戦闘における攻撃的なサイバー作戦の役割を明確にし、サイバー能力を軍事的および非軍事的な、より広範なツール群に統合して活用する点で共通している。また、サイバー空間の特性や相手方の反応に合わせた動的で対象を絞った作戦、累積的な効果などは米国の専門家が考えるアプローチに近い。

　一方で英国は、サイバー作戦の価値と限界をより現実的に捉えている点において異なっているともいえる。ロナーガン（Erica Lonergan）は、英国政府が攻撃的なサイバー作戦の価値と限界を米国よりも強く認識していると評価した[157]。具体的には、敵対者の行動能力を完全または無期限に阻止することが不可能であることや、ある結果が特定の作戦によってもたらされたかどうかを評価する効果測定に関する限界を指摘している。さらに、能力開発面では、ゼ

157　Royal United Services Institute, "Evaluating the National Cyber Force's 'Responsible Cyber Power in Practice'," April 14, 2023（https://rusi.org/explore-our-research/publications/commentary/evaluating-national-cyber-forces-responsible-cyber-power-practice）

ロから特注の機能を開発する時間的余裕がない場合が多く、ニッチで特殊な能力への多大なリソース投資を避けていると指摘している。

　このほかのサイバー能力に関する文書として、英国防省は、サイバーと電磁波領域における作戦についての議論をまとめた文書を公開していた[158]。この文書は、2018年に公開され、2024年に撤回されたものであるが、英国政府がサイバー作戦についてどういった議論を行っていたかがわかる。特にこの文書は、英国政府が、サイバー作戦はサイバー領域に閉じた作戦ではなく、サイバー領域と電磁波領域における活動が相互に影響を及ぼし合い、将来的に境目が曖昧になっていくとの考え方を示していた。また、この文書は、サイバーと電磁波領域を包含した作戦について、攻撃的なサイバー作戦を含む次の4種類の側面を持っていると指摘していた。

- 攻撃的サイバー作戦（Offensive Cyber Operations：OCO）
- 積極的防御を含む防御的サイバー作戦（Defensive Cyber Operations：DCO）
- サイバーインテリジェンス、監視、偵察（サイバーISR）
- サイバー空間における活動を通じた作戦準備（Cyber Operational Preparation of the Environment：Cyber OPE）

158　UK Ministry of Defence, "Joint Doctrine Note 1/18 Cyber and Electromagnetic Activities," February 21, 2018（https://assets.publishing.service.gov.uk/government/uploads/system/uploads/attachment_data/file/682859/doctrine_uk_cyber_and_electromagnetic_activities_jdn_1_18.pdf）

3-5 中国

（1）戦略文書

　中国の指導者たちは1990年代から情報革命を受け入れるために行動してきた。当初は電子機器の分野で相対的に後れをとっていたものの、急速に成長する経済と海外からの技術移転という利点を活かし、発展を遂げてきた。

　中国のサイバー空間の安全保障に関する戦略的アプローチは、米国からのイデオロギー的・経済的・軍事的脅威に対する認識によって支配されてきた。1990年代における米国の軍事サイバー戦略の初期開発、1999年のコソボおよび2003年のイラクにおける米国の軍事キャンペーンにおけるサイバーの使用、そして旧ソ連圏および北アフリカ諸国におけるインターネットを基盤とした政治的暴動に対する米国の支援などが、その背景にある。

　情報通信技術を利用した米国の大規模で複雑に統合された作戦をみた中国は、戦争には新たな技術領域があることを認識し、ハイテク兵器の本質が情報化にあると判断した。ネイサン（Andrew J. Nathan）とスコベル（Andrew Scobell）は、この技術領域は1990年代の人民解放軍にはとうてい手の届かない能力であったと指摘している[159]。

　このような経緯もあり、中国の対外認識は極めて厳しく、サイバ

---

[159]　アンドリュー・J・ネイサン、アンドリュー・スコベル『中国安全保障全史——万里の長城と無人の要塞』河野純治訳、みすず書房、2016年12月

ーを含めた様々な領域での安全保障を目指している。2012年に総書記となった習近平は、中国の国家安全保障観を総体国家安全観によって説明している。この総体国家安全観は、政治、軍事、主権領土といった伝統的安全保障領域と、経済、社会、科学技術、イデオロギーといった非伝統的安全保障領域を包摂する安全保障観である[160]。この中で、サイバーセキュリティを、総体国家安全観における重要な分野として位置づけた。また、2023年には、グローバルセキュリティイニシアチブ（全球安全倡議）を発表した[161]。このイニシアチブは、サイバー分野における国際協力を呼びかけるとともに、中国が国内で実施してきたサイバー分野の施策を海外に広げ、中国がサイバー分野でのリーダーシップを発揮しようとする意図がわかる。

　これ以前にも習は2018年4月の全国網絡安全和信息化工作会議において、情報化を中華民族における千載一遇のチャンスと位置づけた[162]。この中で、サイバー・情報分野における軍民融合の強化とサイバー空間のグローバル・ガバナンスにおける主導的役割の実現、さらには独自開発によるインターネット強国建設の推進を表明している。

　また、この中で習は、中国のサイバー関連政策の方向性を定める原則として4つの原則を示した。これはインターネット主権を尊重する原則、平和と安全を維持する原則、開放的な協力を促進する原則、および良好なる秩序を構築する原則から構成され、特にサイバー空間における国家主権の重要性を強調している。この原則は、中

160　新華網「習近平：堅持総体国家安全観 走中国特色国家安全道路—高層動態」2014年4月15日（http://xinhuanet.com//politics/2014-04/15/c_1110253910.htm）
161　中華人民共和国中央人民政府「全球安全倡議概念文件（全文）」2023年2月21日（https://www.gov.cn/xinwen/2023-02/21/content_5742481.htm）
162　中華人民共和国中央人民政府「習近平出席全国網絡安全和信息化工作会議併発表重要講話」2018年4月21日（http://www.gov.cn/xinwen/2018-04/21/content5284783.htm）

国がサイバー空間を国家主権の延長として捉え、その管理と発展を国家の重要な任務として位置づけていることを示している。

これらの原則は、2016年12月27日に発表されたサイバーセキュリティ戦略からもわかる[163]。このサイバーセキュリティ戦略においても、主権の維持・尊重、平和利用、法による管理の推進、セキュリティと発展の両立を原則として掲げていた。さらに戦略的課題として、主権の徹底的堅持、安全の維持、重要情報インフラの保護、ネットワーク文化の強化、サイバーテロと違法行為への対策、ネットワークガバナンス体制の整備、セキュリティの基礎固め、防御力の引き上げ、および国際協力体制の強化を挙げた。

また、人民解放軍は情報化戦争や智能化戦争をキーワードとして、新技術や戦争形態の認識を変化させている。2019年7月に公表された国防白書では、人工知能、量子情報、ビッグデータ、クラウドコンピューティング、IoTなどの先端科学技術の軍事分野における応用が加速していると指摘している[164]。また、戦争形態が情報化戦争から智能化戦争へと変化しつつあることを示している。ここでいう智能化戦争とは、人工知能（AI）を活用した戦争を指し、IoT情報システムを基礎として、AI化された武器・装備および関連する作戦方法を使用し、陸・海・空・宇宙・電磁波・サイバーおよび認知領域で進める一体化戦争と定義されている。

中国の軍事ドクトリンは、サイバー関連の活動を情報戦の要素とみなしていることも特徴である。これは、2010年に制定された人民解放軍政治工作条例以来、輿論戦、心理戦、法律戦の三戦を重視し

---

163 国家互聯網信息弁公室「《国家網絡空間安全戦略》全文」2016年12月27日（http://politics.people.com.cn/n1/2016/1227/c1001-28980828.html）
164 中華人民共和国中央人民政府「新時代的中国国防　白皮書　中国政府網」2019年7月24日（https://www.gov.cn/zhengce/2019-07/24/content_5414325.htm）

ており、これらがサイバー関連の活動と結びついていることに起因している[165]。例えば山口信治らは、中国はサイバー戦のみを要素として扱わず、サイバーと電磁スペクトラム、そして心理戦を一体的に情報戦として捉えていると指摘している[166]。また、2016年4月には、習が「サイバーセキュリティ能力と抑止能力を増強する。サイバーセキュリティの本質は対峙にあり、対峙の本質は攻守両面における能力の競争である」と述べており、サイバー戦能力の抑止力としての側面も重視していることがわかる[167]。

（2）国家体制

中国共産党におけるサイバーセキュリティ関連組織のうち、最上位に位置するのは中央政治局の中央網絡安全和信息化委員会である（信息は中国語で情報の意味）。この委員会は、党序列5位で中央政治局常務委員会委員の蔡奇が主任を務めており、サイバーセキュリティに関連する政策を担っている。中国政府側では、国家互聯網信息弁公室が主要組織として位置づけられている。この組織は新聞弁公室の下部組織であると同時に、中国共産党の中央網絡安全和信息化委員会弁公室と同一組織である。

中国ではこれらの組織が主導して、2021年のネットワーク製品セキュリティ脆弱性管理規定、個人情報保護法、データセキュリティ法、2017年のサイバーセキュリティ法といったサイバーセキュリティに関する数多くの法律、規制、技術標準を制定してきた[168]。これ

---

165 新華社「新修訂的《中国人民解放軍政治工作条例》頒布」2010年9月13日（https://www.gov.cn/jrzg/2010-09/13/content_1701725.htm）

166 山口信治、八塚正晃、門間理良「中国安全保障レポート2023　認知領域とグレーゾーン事態の掌握を目指す中国」2022 年11月25日（https://www.nids.mod.go.jp/publication/chinareport/pdf/china_report_JP_web_2023_A01.pdf）

167 新華網「習近平在網信工作座談会上的講話全文発表」2016年4月25日（http://www.xinhuanet.com//politics/2016-04/25/c_1118731175.htm）

らの施策は、国境を越えたデータフローの管理、ソフトウェアやハードウェアの監督等、広範な分野における中国政府のサイバー空間の監視・管理能力を強化している。

サイバーセキュリティ法は、中国国内のすべてのネットワークおよび重要情報インフラの運営者に対して、新たなセキュリティ要件を課している。この法律は、国家安全保障にとって不可欠とされるシステムおよび情報の保護を強化しようとする中国政府の取り組みを示すものである。同法は、ネットワーク運営者にネットワークセキュリティの保護、重要データのバックアップ、暗号化の維持に加

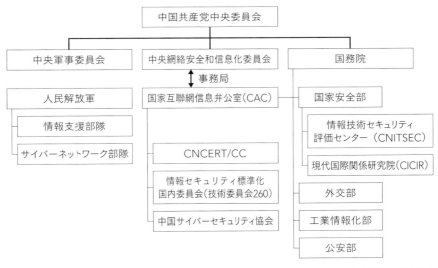

図10　中国のサイバー関連組織（2024年時点）

出所：各種資料から筆者作成

168　中央網絡安全和信息化委員会弁公室「工業和信息化部国家互聯網信息弁公室公安部関于印発網絡産品安全漏洞管理規定的通知」2021年7月13日（https://www.cac.gov.cn/2021-07/13/c_1627761607640342.htm）；中華人民共和国中央人民政府「中華人民共和国箇人信息保護法」2021年8月20日（https://www.gov.cn/xinwen/2021-08/20/content_5632486.htm）；中華人民共和国中央人民政府「中華人民共和国網絡安全法」2016年11月7日（https://www.gov.cn/xinwen/2016-11/07/content_5129723.htm）；中華人民共和国全国人民代表大会「中華人民共和国数据安全法」2021年6月10日（http://www.npc.gov.cn/npc/c30834/202106/7c9af12f51334a73b56d7938f99a788a.shtml）

え、サイバーセキュリティインシデントに対する緊急対応計画の策定と実施を求めている。

さらに、重要情報インフラの運営者には、定期的なリスク評価に加えコンピュータや機器に対する強制的テストや認証など、より厳格なサイバーセキュリティ基準への適合を要求している。特筆すべきは、同法がネットワーク運営者に対して、特定の種類のデータの国内保存を義務づけ、中国の公安機関への協力を要求していることである。これらの規定に違反した場合、罰金から事業活動の停止まで、厳しい処罰が科される。

また、中国政府が他者よりも先に脆弱性情報を得る状況となりつつある。2017年のサイバーセキュリティ法を基盤として、2021年にネットワーク製品セキュリティ脆弱性管理規定が制定された。この規定は、ベンダーおよび個人が発見したすべてのソフトウェアおよびハードウェアの脆弱性について、2日以内に工業情報化部への報告を義務付けている。また、ベンダーには既知の脆弱性の迅速な修正を求め、中国当局による評価が完了するまでは脆弱性の公表を禁止している。さらに、影響を受けるベンダー自体が海外に拠点を置いている場合を除き、海外との脆弱性情報の共有も制限されている。この状況について、スローン（Devin Thorne）らは、報告からパッチ適用、情報開示までの間に、中国が脆弱性を悪用したスパイ活動をする可能性があると分析している[169]。

サイバー作戦を実施する組織については、人民解放軍、国家安全部、および公安部がある。人民解放軍は軍事組織として対外的なサ

169　Devin Thorne and Samantha Hoffman, "China's vulnerability disclosure regulations put state security first The Strategist," August 31, 2021（https://www.aspistrategist.org.au/chinas-vulnerability-disclosure-regulations-put-state-security-first/）

イバー作戦を担っている。国家安全部は中国の諜報機関として、中国共産党と中国政府の両方の傘下にあり、各地に国家安全局を配置している。公安部は国内のサイバー作戦を担っており、中国国内のインターネットを検閲する金盾の運営や、有能な人物の獲得や活動場所の提供等を行う国家安全部への支援をしている。日本を含めた西側諸国は、国家安全部がサイバー空間における諜報活動を実施しており、APT10等と関係があると指摘している。

　なかでも国家安全部は、ソフトウェアやハードウェアの脆弱性評価における重要な役割を担っている。特に、国家安全部の傘下であるCNITSEC（中国信息安全測評中心）は、政府用ソフトウェアの審査、外国技術の国家安全審査、国内サイバーセキュリティ企業との連携、そして脆弱性情報の収集を行っている。

　CNITSECは中国全国脆弱性データベース（CNNVD）を管理する組織であり、その上位組織である国家安全部はCNNVDでの脆弱性公表前にその有用性を評価しているといわれている。それらは脆弱性公表の時期に表れているとされ、具体的には、CNNVDは脅威度の高い脆弱性の公表を21日から156日遅らせる傾向があることが指摘された[170]。さらに中国のAPTグループが悪用する脆弱性についてみれば、米国の脆弱性データベースがCNNVDよりも早く公開することが指摘されている。また、CNNVDは2017年に影響度の大きい脆弱性の公表日を変更するなど、国家安全部による脆弱性評価を隠蔽しようとした試みともいわれている[171]。

　さらに、国家安全部は独自のハッキングコンテストを通じて、国内の優秀なハッカーから脆弱性を特定している可能性もある。

170　Priscilla Moriuchi and Bill Ladd, "China's Influence on National Network Vulnerability Publications," Recorded Future, November 16, 2017（https://www.recordedfuture.com/blog/chinese-mss-vulnerability-influence）

171　Priscilla Moriuchi and Bill Ladd, "China Altered Public Vulnerability Data to Conceal MSS Influence," Recorded Future, March 9, 2018（https://www.recordedfuture.com/blog/chinese-vulnerability-data-altered）

CNITSECは過去に、脆弱性発見ツールの特定と開発のためにコンテストを開催した実績がある。また、中国最大級のハッキングコンテストである天府杯を利用していると指摘されている[172]。天府杯は国際的なハッキングコンテストPwn2Ownをモデルとしており、一般に販売されている主要な製品を標的とした脆弱性を特定することや、デバイスのハッキング、オペレーティングシステムの侵害に焦点を当てたコンテストである。これらのコンテストを通じて得た脆弱性情報を、中国の諜報機関が悪用して、ウイグル族の人々が利用するイスラム教徒のiPhoneをハッキングしていたといわれている[173]。

中国は世界で最も強力な国内監視システムを構築している。その国内情報能力は、上述の機関だけでなく、並行して機能する複雑な執行メカニズムの網にも依存している。最も重要なもののひとつは、中国共産党中央規律検査委員会であり、党の主要メンバーに関する情報を収集している。また、政府のあらゆるレベル、大規模な商業企業、病院、学校、大学にまで広がる中国共産党委員会のネットワークも存在する。

2003年に開始された金盾は、情報通信技術を活用して、中国の公安部による情報の収集・分析方法を変革している。また、天網と呼ばれる、少なくとも2,000万台のカメラで構成される大規模なビデオ監視ネットワークや、農村地域に焦点を当て、ビッグデータとAIを活用して社会統制を行う雪亮工程など、様々な取り組みを実施している[174]。

172　J.D. Work, "China Flaunts Its Offensive Cyber Power," War on the Rocks, October 22, 2021（https://warontherocks.com/2021/10/china-flaunts-its-offensive-cyber-power/）
173　Patrick Howell O'Neill, "How China Turned a Prize-Winning iPhone Hack against the Uyghurs," MIT Technology Review, May 6, 2021（https://www.technologyreview.com/2021/05/06/1024621/china-apple-spy-uyghur-hacker-tianfu/）

（3）サイバー戦能力

　人民解放軍は2024年にそれまでサイバー戦を担っていた戦略支援部隊を再編し、情報支援部隊、軍事宇宙部隊、サイバーネットワーク部隊を創設した[175]。この背景には、新興領域戦略能力と新質戦闘力概念に基づく改組や、宇宙・サイバー空間をめぐる軍内の指揮統制関係の明確化、軍内汚職問題をふまえた習による軍への統制力の強化があるといわれている[176]。特に、この部隊は認知領域を含む新興安全保障領域において、新型作戦力量とされるAI・無人機などと、量子コンピュータ技術・ブロックチェーン技術・ビッグデータなどの新興戦略技術の軍事利用を重視した戦闘力を重視しているという。

　2015年に創設された戦略支援部隊は、情報の支配権「制信息権」の掌握を目指していた。戦略支援部隊は、宇宙・電磁波領域を統合し、サイバー空間を利用した情報支援を行う組織であるといわれていた[177]。また、部隊の人数は6万人であるという[178]。そのため、人民解放軍におけるサイバー戦の能力は2024年まで主に戦略支援部隊にあった。

174　人民網「"天网"网什么」人民周刊、2017年11月20日（http://paper.people.com.cn/rmzk/html/2017-11/20/content_1825998.htm）；Josh Rudolph, "Sharper Eyes: Surveilling the Surveillers（Part 1），" September 9, 2019（https://chinadigitaltimes.net/2019/09/sharper-eyes-surveilling-the-surveillers-part-1/）

175　新華網「中国人民解放軍信息支援部隊成立大会在京挙行　習近平向信息支援部隊授予軍旗併致訓詞」2024年4月19日（http://www.news.cn/politics/leaders/20240419/49989c4326f04ab6ac63d93a2073c8f6/c.html）

176　杉浦康之「情報支援部隊の創設に伴う中国人民解放軍の組織改編」NIDSコメンタリー、2024年6月4日（https://www.nids.mod.go.jp/publication/commentary/pdf/commentary328.pdf）

177　John Costello and Joe McReynolds, "China's Strategic Support Force: A Force for a New Era," October 2, 2018（https://ndupress.ndu.edu/Media/News/Article/1651760/chinas-strategic-support-force-a-force-for-a-new-era/）

178　Meredith Roaten, "JUST IN China Flexes Cyber Strength in India," March 3, 2021（https://www.nationaldefensemagazine.org/articles/2021/3/3/mumbai-incident-spotlights-chinas-cyber-capabilities）

138 | 第3章 各国のサイバー戦能力

　戦略支援部隊の創設は習による軍事改革の一環であった。この軍事改革は、人民解放軍の活動について中央委員会、戦区、軍種間の役割を整理した。この役割整理は軍委管総、戦区主戦、軍種主権と呼ばれ、中央委員会が全体管理を行い、東西南北中の5つの戦区が軍事作戦を立案・実施し、陸・海・空・ロケット軍や戦略支援部隊、連勤保障部隊などの軍種が作戦実施に必要な戦力を提供するよう、役割が整理された。

　戦略支援部隊は、参謀部、政治工作部、規律検査委員会、ネットワーク系統部、航天系統部を主な部局として持っていた。そのうちネットワーク系統部は、サイバー・電磁波領域の偵察・防御・攻撃、技術偵察を行っていた。また、研究開発に関連する人民解放軍の大学や研究所として、情報システム工学や暗号を研究する解放軍信息工程大学、改革以前の総参謀部第56研究所、第57研究所、第58研究所を傘下に持ち、暗号技術、スーパーコンピュータに関する研究を実施していた。

　戦略支援部隊は軍事改革によって急成長した部隊である。米国防総省が2020年に発表した中国に関する報告書は、サイバー戦に関する戦力を提供するこの戦略支援部隊の位置づけについて、同部隊が戦区と同様の地位にあると指摘していた[179]。一方で、米国ランド研究所のポルピーター（Kevin Pollpeter）らは、同部隊は中央軍事委員会の直接の指揮下に置かれる部隊であり、陸・海・空、またはロケットの各軍種ほどの地位・規模のものではないと分析していた[180]。いずれの報告書も人民解放軍が同部隊を重要視していることを指摘していたが、この認識の差は戦略支援部隊の規模が数年で拡大した

179　US the Office of the Secretary of Defense, "Military and Security Developments Involving the People's Republic of China 2020," September 1, 2020（https://media.defense.gov/2020/Sep/01/2002488689/-1/-1/1/2020-DOD-CHINA-MILITARY-POWER-REPORT-FINAL.PDF）

180　Kevin Pollpeter, Michael Chase, Eric Heginbotham, "The Creation of the PLA Strategic Support Force and Its Implications for Chinese Military Space Operations," November 10, 2017(https://www.rand.org/pubs/research_reports/RR2058.html)

ことを表している。

　同部隊は陸・海・空などの異なる軍種の要員から構成される統合軍であり、これまで総参謀部のもとにあったサイバー戦を行う部隊などを統合した部隊であった。軍事改革以前、人民解放軍におけるサイバーや電磁波を扱う部署は総参謀部第三部第56研究所・第57研究所・第58研究所、総参謀部第四部に分散していたが、戦略支援部隊はこれらを一カ所に集約した。また、大学や軍事関連企業グループと連携協定を結んでおり、国防部によると中国科学技術大学、上海交通大学、西安交通大学、北京理工大学、南京大学、哈爾浜工業大学等の大学や、航天科技集団公司、航天科工集団公司、および電子科技集団公司等の軍事企業が連携協定を結んでいた[181]。

　先にも指摘したとおり、人民解放軍は、平時における情報窃取を目的としたサイバー戦を情報戦の一部として位置づけている。人民解放軍が実施するサイバー戦の目的は、抑止、偵察、攻撃、防御だといわれる（表12）。八塚正晃は、人民解放軍によるサイバー戦の特徴として、人民解放軍は情報戦を戦時・平時を問わず実施すること、サイバー作戦を第一撃で実施すること、および戦争目的の厳密なコントロールとエスカレーションを重要視していることを指摘している[182]。

　このような中国人民解放軍の高度なサイバー攻撃能力について、米国は深刻な懸念を示してきた。具体的には、2024年に米国家情報長官室が公表した年次脅威評価報告書において、特に米中間の大規模な紛争が発生した場合のサイバー攻撃の可能性を指摘した[183]。この懸念は、同年にマイクロソフトが報告したVolt Typhoonによるグア

181　中華人民共和国国防部「戦略支援部隊与地方9箇単位合作培養新型作戦力量高端人才」2017年7月12日（http://www.mod.gov.cn/power/2017-07/12/content_4785370.htm）

182　八塚正晃「中国安全保障レポート2021　第2章中国のサイバー戦略」2020年11月13日（http://www.nids.mod.go.jp/publication/chinareport/pdf/china_report_JP_web_2021_A01.pdf）

第3章　各国のサイバー戦能力

表12　サイバー作戦の種類

サイバー作戦の種類	概要
サイバー抑止	C4ISR、交通・情報インフラなどの敵方の政治・軍事・経済に甚大なダメージを与えうるサイバー攻撃能力をみせて、相手のサイバー攻撃を牽制
サイバー偵察・反偵察	ウイルス、トロイの木馬などのマルウェアを利用して軍事情報を窃取
サイバー攻撃	ウイルスによるデータ破壊、ハッカー攻撃、通信妨害等を利用して敵方の指揮命令系統、通信ネットワーク、武器・装備のコンピュータシステムなどを破壊
サイバー防御	敵方からの偵察、妨害、秘密窃取、破壊に対する防御作戦

出所：防衛研究所「中国安全保障レポート2021」2020年、p.28
肖天亮主編『戦略学』国防大学出版社、2015年、pp. 147-149

ムのインフラへの攻撃事例によって、より具体的なものとなった。この攻撃は、米国とアジアを結ぶ通信網を混乱させることを意図していたと指摘している。

また米国は、中国が紛争発生時に重要インフラや軍事施設に対して、攻撃的なサイバー作戦を展開することが可能であると分析してきた。実際、このような評価は2021年の報告書にも記載されており、米国は以前から中国のサイバー攻撃能力が、重要インフラを標的としたものであり、局地的かつ一時的な混乱を引き起こすレベルに達していると認識していたことがわかる[184]。

中国はサイバー攻撃によって情報を窃取する能力も高いと評価さ

183　US Office of the Director of National Intelligence, "2024 Annual Threat Assessment of the U.S. Intelligence Community," March 11, 2024（https://www.dni.gov/files/ODNI/documents/assessments/ATA-2024-Unclassified-Report.pdf）

184　US Office of the Director of National Intelligence, "2021 Annual Threat Assessment of the U.S. Intelligence Community," April 13, 2021（https://www.intelligence.senate.gov/sites/default/files/documents/2021-04-09％20Final％20ATA％202021％20％20Unclassified％20Report％20-％20rev％202.pdf）

れている。人民解放軍や国家安全部は、他国の政府機関や民間企業のネットワークを侵害し、マルウェアを利用して機密情報や知的財産を盗むことに成功してきた。これらの能力は、紛争時に相手方の重要なシステムを麻痺させる目的で利用される可能性が高い。また、脆弱性に関する情報の収集活動や米国による評価を考えれば、物理的な攻撃を伴う作戦の一部としてサイバー戦を実施することが可能である。ハーバード大学や英国の国際戦略研究所（IISS）が行った評価も同様に、中国のサイバー分野の戦略とこれまでのサイバー攻撃を通じて情報を窃取してきたことを考えれば、中国は戦闘で使用できるレベルの攻撃用ツールを開発した可能性が高いと評価している[185]。

　これまで人民解放軍が公式に実施したサイバー作戦に関する情報は少ない。人民解放軍と関連組織が軍事および民間の施設を標的としたサイバー攻撃演習を行っているといわれている。チベット軍区は2020年に攻撃的サイバー作戦を統合した演習を実施したといわれている[186]。また、NATOサイバー防衛協力センターの実施するLocked Shields を模した重要インフラへの攻撃を想定した演習システムを開発しているとの指摘もある[187]。

　さらに、情報戦の分野でも中国は積極的な活動を展開している。2022年8月のナンシー・ペロシ米下院議長の台湾訪問を受けて実施された中国人民解放軍の軍事演習の前後には、誤情報が台湾で拡散した。台湾国防部は、8月1日から8月8日までの間に少なくとも272

185　International Institute for Strategic Studies, "China," June 28, 2021（https://www.iiss.org/globalassets/media-library---content--migration/files/research-papers/cyber-power-report/cyber-capabilities-and-national-power---china.pdf）

186　Chapter Ten: Military cyber capabilities.（2022）. *The Military Balance*, *122*（1）, 509（https://doi.org/10.1080/04597222.2022.2022936）

187　Dakota Cary, "Downrange: A Survey of China's Cyber Ranges," Center for Security and Emerging Technology, September, 2022（https://doi.org/10.51593/2021CA013）

件の中国によるデマ拡散の試みがあったとし、それらは「武力による統一ムードの醸成」「台湾政府の権威を攻撃」「軍と国民の士気の低下」に関する内容であった[188]。

　一方、中国のサイバー戦能力には不確実性が存在するとの指摘もある。米議会超党派で構成される米中経済・安全保障調査委員会は2022年の報告書において、人民解放軍は実戦経験が不足しており、サイバー分野を統合した作戦を実践したことがないため、その成功は不確実であると指摘した[189]。また、当時の戦略支援部隊は戦略偵察やセンサーから得た情報を戦区の司令部ではなく中央軍事委員会に報告するため、戦時に戦略支援部隊と戦区司令官の間で情報の遅延が生じるリスクがあるといわれていた。このような情報伝達の仕組みのもとでは、戦区の司令官は戦略支援部隊を指揮するために中央軍事委員会に連絡する必要が生じ、部隊を最大限活用することが難しいと指摘している。

　さらに、中国のサイバー戦能力は、攻撃的な側面では相当な発展を遂げているものの、防御面での脆弱性や組織間の連携における課題、実戦経験の不足など、様々な課題を抱えている。例えばIISSのデータベースによると、中国の戦略支援部隊の18.2％が攻撃作戦に重点を置いているのに対し、米国サイバー軍の指揮下にある部隊ではわずか2.8％であり、この差は中国の防御能力の不足を示唆している[190]。また、中国政府が進める外国技術の排除や国内サイバーセキュリティ産業の育成は、短期的には技術的な空白や脆弱性をもたら

---

188 Keoni Everington, "China Launches 272 Attempts at Spreading Disinformation in Taiwan in a Week," Taiwan News, August 8, 2022；謝游麟『解析中國大陸之「圍臺軍演」』空軍学術双月刊第692期、2023年2月（https://www.mnd.gov.tw/NewUpload/202301/03-%E8%AC%9D%E6%B8%B8%E9%BA%9F-%E8%A7%A3%E6%9E%90%E4%B8%AD%E5%9C%8B%E5%A4%A7%E9%99%B8%E5%9C%8B%E5%8F%B0%E8%BB%8D%E6%BC%94_381394.pdf）
189 U.S.-China Economic and Security Review Commission, "China's Cyber Capabilities: Warfare, Espionage, and Implications for the United States," November 15, 2022（https://www.uscc.gov/sites/default/files/2022-11/Chapter_3_Section_2--Chinas_Cyber_Capabilities.pdf）

す可能性がある。

　サイバー空間における防御能力について、中国は国内のサイバーセキュリティに課題があることを認識している。例えば、2016年に習は、サイバーセキュリティ上の脆弱性によって重要情報インフラがリスクに直面していることや、国家レベルで攻撃に対応することが困難であることを指摘していた[191]。米議会で証言したシュナイダー（Jacquelyn Schneider）やシーガル（Adam Segal）は、2013年頃に中国が自身を脆弱と認識し始めたと指摘している[192]。また、オースティン（Greg Austin）は、インターネットの中核をなす技術を米国企業に依存し続けていることや、サイバーセキュリティの専門家が不足していることをふまえ、サイバー防衛の中核は比較的脆弱であると評価している[193]。

3-6　ロシア

（1）戦略文書

　ロシアはサイバーセキュリティを、通信の監視や規制を含む情報

190　Chapter Ten: Military cyber capabilities.（2022）. *The Military Balance*, *122*（1）, 508（https://doi.org/10.1080/04597222.2022.2022936）

191　新華網「習近平在網信工作座談会上的講話全文発表」2016年4月25日（http://www.xinhuanet.com/politics/2016-04/25/c_1118731175.htm）

192　U.S.-China Economic and Security Review Commission, "February 17, 2022 Hearing Transcript," February 17, 2022（https://www.uscc.gov/sites/default/files/2022-02/February_17_2022_Hearing_Transcript.pdf）

193　Greg Austin, "How Good Are China's Cyber Defenses? The foundations of China's cyber defenses remain weak," July 17, 2018（https://thediplomat.com/2018/07/how-good-are-chinas-cyber-defenses/）

安全保障の一部とみなしている。そのため、サイバー空間に関する方針を複数の戦略文書を通じて表明してきた。

2021年7月、ロシアは新たな国家安全保障戦略を採択し、この戦略で情報安全保障の重要性を再確認した[194]。この戦略では、情報空間が軍事活動の新たな領域として開発されているとの認識を示し、情報空間におけるロシアの主権の強化を国家の優先課題と定めた。また、サイバー空間における脅威への対処や情報主権の確立を強調した。

これ以前も、ロシアの戦略文書は情報安全保障としてサイバー空間の問題に取り組む方針を示してきた。2021年に発表した「国際情報セキュリティ分野における国家政策の基礎」では、ロシアの政策目標、方針、実施手段を示していた[195]。この政策に示された目標は、ロシアの国家の利益を反映しつつ、グローバルな情報空間における平和・安全・安定の維持であった。また、ロシア政府の認識として、情報通信技術が国家の主権を損なうために用いられること、テロや犯罪目的での利用、他国の内政干渉などを主な脅威として挙げた。

「国際情報セキュリティ分野における国家政策の基礎」が示すロシアの対処方針は、多国間での協力と法的枠組みの整備を重視するものであった。特に、国連のもとで国際的な対話や規制の強化を推進し、情報空間における紛争の防止や管理、信頼醸成措置の実施、またロシア国内では政府機関や民間企業との連携強化を図ることを挙げていた。さらに、技術的な不平等の解消や途上国への技術支援

---

194 ПРЕЗИДЕНТА РОССИЙСКОЙ ФЕДЕРАЦИИ, "Российской Федерации от 2 июля 2021 г. № 400 национальной безопасности Российской Федерации," (https://web.archive.org/web/20220321192744/http://www.scrf.gov.ru/media/files/file/l4wGRPqJvETSkUTYmhepzRochb1j1jqh.pdf)

195 Совет Безопасности Российской Федерации, "Основы государственной политики Российской Федерации в области международной информационной безопасности (Утверждены Указом Президента Российской Федерации от 12 апреля 2021 г. № 213)," (https://web.archive.org/web/20240424225328/https://www.scrf.gov.ru/security/information/document114/)

を行い、情報安全保障に関する国際基準の策定にも積極的に関与することで、ロシアの影響力拡大を目指していたことがわかる。

その他には、2016年12月5日に承認された情報安全保障ドクトリンがある。このドクトリンは、国家安全保障戦略の情報分野に関連する政策として、サイバー空間における政治、外交、軍事に関する原則を定めている[196]。また、このドクトリンは、情報通信分野におけるロシアの国益、サイバー空間における脅威、情報セキュリティ、情報安全保障実施機関、情報インフラ等についての基本的立場を記述していた。

また、2015年の国家安全保障戦略は、情報戦の脅威を強調し、情報分野の統制、情報通信技術の開発、政府の情報システム基盤の強化を掲げていた[197]。特に、欧米諸国との関係悪化をロシアに対する封じ込め政策の結果と捉え、欧米の価値観の流入を脅威とみなしている。これに対し、ロシアは情報領域の統制を通じて社会を保護する方針を示していた。

2009年5月に発表された2020年までの国際情報安全保障における国家政策に関する基本方針は、当時の国際関係の観点からロシアのサイバー政策の基本方針を示していた。この基本方針は、国家主権の侵害に反対する立場を強調するとともに、内政干渉に情報技術を利用することを脅威と認識し、対抗措置を講じるとしている。すなわち、2010年代からのロシアのサイバー分野を含む情報安全保障の姿勢から、国家主権の侵害や欧米諸国を脅威とみなしてきたことがわかる。

---

196 Совет Безопасности Российской Федерации, "Доктрина информационной безопасности Российской Федерации," 5 December 2016（http://www.scrf.gov.ru/security/information/document5/）
197 Президент России, "Указ Президента Российской Федерации от 31.12.2015 г. № 683," 31 December 2015（https://web.archive.org/web/20241007091118/http://www.kremlin.ru/acts/bank/40391）

146 | 第3章　各国のサイバー戦能力

（２）国家体制

　ロシアのサイバー空間に関する国家体制は、大統領による中央集権的で階層的な管理体制であり、その最上位に位置するのが、プーチン大統領を議長とする大統領府のロシア連邦安全保障会議である。プーチンは2017年10月の安全保障会議において、サイバー空間における脅威とリスク予測の重要性を指摘し、情報資源に対するサイバー攻撃の特定、行政機関の情報システムとネットワークの保護レベル向上、サプライチェーンリスク、サイバー空間における規範の醸成、および国際協力を、今後の重要課題として挙げた[198]。

　ロシアでは複数のサイバー空間に関連する組織が存在するが、サイバーセキュリティを専門的に扱う機関は存在しない。情報機関体制において中心的な役割を果たすのが連邦保安庁（FSB）である。FSBは旧ソ連のKGBを前身とする組織であり、情報セキュリティ保障措置のほか、防諜・テロ・犯罪対策等を担当している[199]。FSBの傘下にある情報セキュリティセンター（TsIB、第64829軍事部隊）は2002年に設立され、運用捜査手段システム（SORM）を通じてロシア政府が管理するインターネットRuNetを監視しているといわれている[200]。また、FSB第16総局（第71330軍事部隊）は暗号解読・電気通信の傍受と処理を行い、第13総局がロシアの検索サイトYandexを監視している。

　諜報活動に関しては、連邦軍参謀本部情報総局（GRU）と対外情

198　President of Russia, "Security Council meeting," October 26, 2017（https://web.archive.org/web/20240418085325/http://en.kremlin.ru/events/president/news/55924）

199　ФЕДЕРАЛЬНОЙ СЛУЖБЫ БЕЗОПАСНОСТИ, "СТРУКТУРА ОРГАНОВ ФЕДЕРАЛЬНОЙ СЛУЖБЫ БЕЗОПАСНОСТИ,"（http://www.fsb.ru/fsb/structure.htm）

200　TAIA GLOBAL, "Russian Federal Security Service（FSB）Internet Operations Against Ukraine," 2015（https://www.ecirtam.net/autoblogs/autoblogs/lamaredugoffrblog_6aa4265372739b936776738439d4ddb430f5fa2e/media/e69ef19e.FSB-IO-UKRAINE.pdf）

報庁（SVR）がサイバー空間における諜報活動を実施している。米財務省は2016年の米大統領選挙におけるサイバー攻撃を利用した干渉を理由に、GRU関係者に経済制裁を科した[201]。

　国防省において情報セキュリティを担うのは、主に連邦技術輸出管理庁（FSTEC）である。FSTECは、海外勢力のロシア国内情報通信インフラに対する諜報活動への対抗措置を行うほか、機微技術の輸出管理、輸出認証、将来のサイバー脅威予測に基づく教育計画の策定、政策運用、省庁間の調整などを担当している。また国防省は、情報セキュリティ分野に関する研究を行う特別開発センターを擁しており、ここではハイパフォーマンスコンピューティングの設計・開発、マイクロエレクトロニクス、情報システムの検証等を行っている。

　情報収集能力の面では、SORMを通じてロシア国内のインターネットサービスプロバイダを管理し、携帯電話および固定電話の通話、インターネットトラフィック、その他のメディアからのメタデータとコンテンツを収集している。

　しかしながら、ロシアのサイバー能力には課題も存在する。例えば、ロシアは国外の情報通信関連企業への依存度が高いことである。また、デジタル経済の発展は英国やフランスなどと比較して遅れている。この弱点を是正するため、政府による規制や独自のインターネット（RuNet）の構築により国内のデジタル産業の発展を推進しているが、経済状況を考慮すると、これらの野心的な取り組みの実現可能性には疑問が残る。

201　U.S. Department of Treasury, "Treasury Sanctions Russian Cyber Actors for Interference with the 2016 U.S. Elections and Malicious Cyber-Attacks," March 15, 2018（https://home.treasury.gov/news/press-releases/sm0312）

148 | 第3章　各国のサイバー戦能力

（3）サイバー戦能力

　ロシアのサイバー戦能力は、過去20年以上にわたり発展を続け、戦略的思考や政治的目標に統合されてきた。特に、戦略的情報キャンペーンや低強度の国家間軍事作戦にサイバー能力を完全に統合する能力を実証している。サイバー戦を担うのは情報作戦部隊、GRU、FSBである。2014年1月にショイグ国防相が情報作戦部隊を創設する命令に署名し、2017年7月に正式に編成が表明された[202]。この部隊の任務は、電子戦、誤情報の拡散、心理戦、サイバーセキュリティの確保、サイバー攻撃の実施である。

　ロシアのサイバー空間における能力を特徴づけるのは、ハイブリッド攻撃である。これは非軍事的手段や秘密裏の軍事手段を組み合わせた攻撃で、2007年のエストニアや2008年のジョージアでの事例が代表的である。エストニアでの攻撃は、まず個人による単純なサイバー攻撃が第一波として発生し、その後により洗練されたサイバー攻撃が第二波として行われた[203]。背景には、ロシア系メディアを通じた分離主義者の情報により親ロシア的な考えをエストニア国内に醸成する情報戦が展開されていた。

　ジョージアの事例では、物理的な攻撃とサイバー攻撃を組み合わせた手法がとられた。武力衝突開始前にオンライン掲示板が設立され、サイバー攻撃を行う民間人に攻撃目標の指定やアプリケーションの脆弱性を突く方法が共有された[204]。このオンライン掲示板では

---

202 Мир новостей, "В России появятся кибернетические войска," 8 February 2014（https://mirnov.ru/obshchestvo/v-rossii-pojavjatsja-kiberneticheskie-voiska.html）；ТАСС, "Что такое информационные операции. Досье," 23 February 2017（https://tass.ru/info/4046536）

203 Andrew Radin, "Hybrid Warfare in the Baltics Threats and Potential Responses," RAND Corporation, February 23, 2017（https://www.rand.org/pubs/research_reports/RR1577.html）

204 Brian Krebs, "Report: Russian Hacker Forums Fueled Georgia Cyber Attacks," The Washington Post, October 16, 2008（https://web.archive.org/web/20210410171714/http://voices.washingtonpost.com/securityfix/2008/10/report_russian_hacker_forums_f.html）

攻撃を主導する人物の存在が確認され、彼らの指示を受けて掲示板参加者が攻撃を行う関係が構築された。

2022年2月、ロシアはウクライナへの軍事侵攻を開始し、これに伴いサイバー戦も展開された。侵攻前後、ウクライナの政府機関やインフラに対する大規模なサイバー攻撃が行われ、物理的な軍事行動と連携したハイブリッド戦術が展開された。特に、GRUの第29155部隊が関与したとされるWhisperGateマルウェアによる攻撃は、ウクライナの重要インフラに深刻な影響を及ぼした[205]。

2024年9月、米国司法省はロシアのGRU所属の5名の将校と1名の民間人を、2020年以降のウクライナおよびNATO加盟国に対するサイバー攻撃の容疑で起訴した[206]。これらの攻撃は、ウクライナの重要インフラやNATO諸国のシステムを標的とし、データの窃取やウェブサイトの改ざんなどを行ったとされている。

米国だけでなく、欧州もロシアの攻撃活動を懸念している。例えば、欧州連合（EU）のサイバーセキュリティ機関ENISAは2024年に、ロシアが支援するグループによる破壊的なサイバー攻撃が倍増したと指摘している[207]。特に、選挙関連サービスや公共機関への攻撃が増加し、AIを活用した偽情報の拡散も懸念していた。

---

205 US Cybersecurity and Infrastructure Security Agency, "Russian Military Cyber Actors Target US and Global Critical Infrastructure," September 5, 2024（https://www.cisa.gov/news-events/cybersecurity-advisories/aa24-249a）
206 US Department of Justice, "Five Russian GRU Officers and One Civilian Charged for Conspiring to Hack Ukrainian Government," September 5, 2024（https://www.justice.gov/opa/pr/five-russian-gru-officers-and-one-civilian-charged-conspiring-hack-ukrainian-government）
207 AP News, "Europe's cybersecurity chief says disruptive attacks have doubled in 2024, sees Russia behind many," May 29, 2024（https://apnews.com/article/europe-election-cybersecurity-russia-ukraine-5b0cca725d17a028dd458df77a60440c）

第 4 章

枠組みを捉える

Japan's Active Cyber Defense

A New Direction for National Security Strategy

この章について

●サイバー空間における安全保障の確保について、20世紀後半から様々な研究が行われてきた。2010年頃まで、欧米の研究では核兵器とサイバー攻撃の特徴に類似性を見出すことで、核による抑止を応用し、安全保障の概念を発展させてきた。しかし、2010年代後半から、核兵器による戦略環境とは異なるサイバー空間の特性をもとに安全保障概念を導入する必要性についての議論が始まった。

●米国防総省において国際関係やサイバー戦略研究をしていたフィッシャケラー（Michael P. Fischerkeller）は、サイバー空間における国家安全保障の枠組みを再定義する理論を提唱している。この理論は、通常兵器や核兵器を想定した安全保障の枠組みとサイバー空間の性質を比べることで、国家によるサイバー空間を通じた活動の在り方を解明しようとした。

●そこで本書は、フィッシャケラーのサイバー持続性理論（Cyber Persistence Theory）に則り、サイバー空間における能力整備の理論的な背景を理解することを目指す。また、日本がサイバー安全保障によって欧米主要国と同等の能力を目指していることをふまえ、これらの理論からみた日本のサイバー政策の取り組みと安全保障上の課題を指摘する。

4-1 デジタル空間における安全保障の考え方

　サイバー空間をめぐる戦略環境は、20世紀および21世紀初頭の通常兵器や核兵器を念頭に置いた安全保障パラダイムとは異なる。従来の安全保障パラダイムでは、通常兵器を用いた戦争遂行や核兵器による抑止が論理的に重要であり、各国はこれらを念頭に置いた戦略環境に基づいて問題に対処していた。一方、サイバー戦略環境の構造は、あらゆる場所にあるコンピュータによって接続されるユビキタスな環境によって生み出される。

　この戦略環境で生じる課題に対処するため、国家は通常兵器や核兵器による戦略環境に加えて、異なる戦略空間での課題に対処するための理論を必要としている。例えば、リビッキ（Martin C. Libicki）は、核兵器による戦略環境で用いる抑止の概念をサイバー分野に応用する際に、被害者側の攻撃検知能力、攻撃による被害の閾値、攻撃の繰り返し可能性等の多数の相違点があることを指摘している[208]。

　そこで、フィッシャケラーらは、デジタル空間における安全保障の考え方を再構築することで、新たな戦略、基本原則、運用概念、組織、リソース、法的権限といった問題に対処するための処方箋を見出そうとしている[209]。すなわち、従来の戦略環境に加えて、サイバー空間をめぐる戦略環境（サイバー戦略環境）の構造を検討することで、時代と戦略環境に合わせた国家の安全保障を追求する方法

208　Martin C. Libicki, "Cyberspace in Peace and War, Second Edition," Naval Institute Press, 2022, p.262.
209　Fischerkeller, Michael P., Emily O. Goldman, Richard J. Harknett, and Paul M. Nakasone, "Cyber Persistence Theory: Redefining National Security in Cyberspace," Oxford University Press, 2022（https://doi.org/10.1093/oso/9780197638255.001.0001）.

を再検討する必要性を指摘している。

　現在の国家は、安全保障をめぐる競争を通常兵器・核兵器・サイバー空間の異なる戦略環境で行っている。これら3つの戦略環境を区別するのは、各環境における安全保障の定義の捉え方が異なるためである。各戦略環境では、それぞれの技術が安全保障の概念を形作り、国家の安全保障上の課題となっている。

　例えば、核兵器は核関連技術によって核抑止という概念を生み出し、国家の安全保障上の重要な課題となっている。これは通常兵器による戦略環境や安全保障上の課題とは異なる。すなわち、核兵器の特殊性により、新しい安全保障概念が生まれ、理論の再構築が行われたのである。これが冷戦期の核抑止という新たな理論の実践へとつながった。

　サイバー空間における安全保障の考え方は、サイバー攻撃やスパイ活動の被害を受けた国が、その意図を誤解した結果、国家間の危機や紛争につながり、状況が激化したことはなかったという事実から導かれている。この理論は、サイバー作戦の背後にある意図に着目しており、相手国に何かを強制することではなく、相手から情報や経済的な利益を搾取することを意図して国家が行動していると仮定している。

　また、サイバー空間における国家間の競争関係が暗黙の了解に基づくものであることも、エスカレーションしづらい理由のひとつである。サイバー空間における競争関係では、国家は武力攻撃に相当する効果をもたらす作戦を選択肢から排除しており、作戦の効果によって国家間の対立がエスカレートしないよう自制している。このような暗黙の了解が存在することで、国家間のサイバー活動が危機や紛争へとエスカレートする可能性が低くなっている。

4-2 搾取を目的としたサイバー攻撃

　本章で取り上げる理論は、国家が相手国から情報や経済的利益を奪おうとするサイバー攻撃に適用されるものである。適用対象の例として、北朝鮮のサイバー攻撃による国際決済システムの悪用が挙げられる。国連安全保障理事会の北朝鮮制裁委員会専門家パネルの報告書によれば、北朝鮮は国連安保理決議による制裁に対抗するため、世界中の金融機関が加盟して運営するSWIFTネットワークへのサイバー攻撃や、暗号通貨取引所での不正な資金移転を行い、制裁を回避している[210]。

　また、中国が支援する組織によるサイバー攻撃を通じた知的財産の違法な窃取も、適用可能な事例として挙げられる。米国政府によれば、中国は2010年から2013年にかけて、米国企業から大量の知的財産を窃取するサイバー攻撃キャンペーンを展開した[211]。これは、サイバー空間を利用して国際的な力の配分を維持または変化させようとする試みとして解釈できる。

　この考え方は、ある国が相手国から一方的に利益を搾取する状況だけでなく、二国間の競争環境にも適用できる。例えば、2014年に発生したロシアによる米国政府システムへの侵入と、米国政府による対応が挙げられる。この事件は、両国のサイバー部隊が重要なサイバー領域の支配権をめぐって直接的に競争した事例である。さら

210　United Nations, "Midterm report of the Panel of Experts submitted pursuant to resolution 2464（2019）S/2019/691," August 30, 2019（https://documents.un.org/doc/undoc/gen/n19/243/04/pdf/n1924304.pdf）

211　National Counter Intelligence Center, "Foreign Economic Espionage in Cyberspace," July 26, 2018（https://www.dni.gov/files/NCSC/documents/news/20180724-economic-espionage-pub.pdf）

に、DridexやTrickbotなどの大規模ボットネットに対する米国と英国の共同作戦も、重要なサイバー領域の支配権をめぐる競争の文脈で行われた、国家による直接的な関与の例として挙げられる。

　ただし、この理論は既存の武力紛争の一部として行われるサイバー作戦の理解を目的としたものではないことに注意が必要である。既存の武力紛争の一部であるサイバー攻撃は、従来の戦略環境の論理によって分析される事象である。例えば、2019年5月にイスラエルがハマスのサイバー部隊が置かれているとされるガザ地区の建物を空爆した事件や、2022年2月にロシアがウクライナに侵攻した際に行ったサイバー攻撃がある[212]。これらは武力紛争の一部であり、サイバー戦略環境の理論を適用するより、通常兵器や核兵器による戦略環境の理論を利用する方がよい。

4-3　通常兵器と核兵器による戦略環境

　サイバー空間における安全保障と通常兵器や核兵器による安全保障の考え方の違いを検討するために、まず通常兵器と核兵器における戦略環境とはどういったものかを整理する。

　通常兵器と核兵器による戦略環境の構造に共通するのは、政治的目的を達成するための戦争や強制力を行使するという論理である。また、前提条件として、当事者が領土等をめぐって直接的なやりとりをすることや、そのやりとりを予想することを想定している。

　歴史を振り返ると、部族、都市国家、帝国、国民国家といった勢

212　Pierluigi Paganini, "IDF hit Hamas, it is the first time a state launched an immediate physical attack in response to a cyber attack," Security Affairs, May 6, 2019（https://securityaffairs.com/85022/cyber-warfare-2/idf-hit-hamas.html）

力が他の勢力に挑むには、相手方の権力の根源に直接アクセスする必要があった。この権力の根源とは、物理的な支配下にある陸地、隣接する海域、そして空域であった。

そこで国家は、領土性に基づいて最も重要な資源を確保するために、組織化を行ってきた。また、耕作可能な土地、利用可能な水、エネルギー源、人口、鉱物資源といった権力の根源は、地球上に不均一に存在していることから、国家はその支配権の確保のために領土を拡大する動機が生まれる。同時に、国家は権力の源泉を失う可能性もあることから、勝利するために攻撃するか、防御するかという安全保障上の問題にも直面する。通常兵器による軍事力は、隣り合う国々が自国の領土を拡大し、相手国に現状変更を認めさせるために使われることが多い。

一方、通常兵器と核兵器による戦略環境は、攻撃と防御の特徴が異なる。まず、通常兵器による戦略環境は、攻撃と防御の優位性変化、物理的な領土支配、直接的な軍事力行使、柔軟な対応が特徴である。攻撃と防御は、技術の進化、戦術の発展、地形や環境の影響、攻撃や防御に対する適応などの要素によって、優位性が変化する。ここでいう優位性とは、攻撃と防御の結果が議論の余地なく確実である状況とする。つまり、攻撃が優位であるとは、攻撃が防御による緩和を上回る状況を指す。また、優位性は戦車、航空機、通信機といった新しい装備による攻撃・防御の効果の変化や、高い機動力を活用した電撃戦といった戦術等によって特徴付けられる。

しかし、この優位性は、通常兵器による戦略環境において変化しやすい。例えば、第二次世界大戦においてソビエト連邦の赤軍は、ドイツ軍の電撃戦への対抗策を見出すとともに、1944年6月のバグラチオン作戦において、縦深戦略理論に基づいた攻勢を実施した。これによってドイツ軍は壊滅的な打撃を受けた。このように、通常兵器による戦略環境では優位性が変化しやすいため、各国は状況に

応じて攻撃・防御をする総体的な優位性に基づく戦略をとる。

　次に核兵器による戦略環境の特徴をみると、攻撃側が圧倒的な優位性を持っていることが特徴である。核兵器の持つ破壊力は、防御が事実上困難であり、優位性変化は起こりにくい。そのため、国家は実際の攻撃ではなく、報復の脅威によって敵を抑止する戦略をとる。

　抑止とは、「もしあなたが特定の攻撃を仕掛けると、この能力で対応します」というメッセージを宣言することで、相手の思考や行動に変化を起こすことである。このメッセージを分解すると抑止における要素がわかる。

　まず「あなた」を特定するために、攻撃側の帰属（アトリビューション）を特定する必要がある。また「攻撃を仕掛ける」というのは、攻撃を検知する必要があることを示している。さらに、明確で測定可能な閾値を相手側に示すために「特定の攻撃」というメッセージを含める必要がある。そして、「対応します」では攻撃を受けた側による報復の意思を明示し、攻撃側が攻撃によって得る利益と報復によって受ける被害を見積もれるようにする。最後に「この能力で」は、攻撃側の思考や行動に変化を起こすほど十分不快なものや能力を持っていると伝えることで、対応が単なる反撃にとどまらず、武力紛争に突入する可能性を示している。

　核兵器による戦略環境では、攻撃・防御側の双方が核兵器を保有することで、使用を思いとどまる相互確証破壊（Mutual Assured Destruction：MAD）の状況になる。すると、国家は核戦争の破壊的な結果を避けようと戦争回避を目的とし、危機管理と軍縮交渉といったやりとりを行う。すなわち、通常兵器と核兵器による戦略環境には、攻撃と防御のバランス、戦争遂行能力と抑止力の重要性の違い、戦争目的の違い、直接的・間接的な力の行使といった違いがある。

4-4 従来の戦略環境と
サイバー戦略環境の違い

（1）サイバー戦略環境における安全保障

　サイバー戦略環境における安全保障は、前述の通常兵器と核兵器による戦略環境と異なる。その違いは、環境の本質的な特性に起因している。サイバー空間はコンピュータやネットワーク、情報によって構成されることから、物理的な地形とは異なり、再構成可能で常に変化する環境である。この動的な性質は、比較的静的な通常兵器や核兵器の環境とは根本的に異なる。

　物理的な世界では山、川、または平原といった地形条件は不変だが、サイバー空間では、ソフトウェアの更新やハードウェアの変更、新機能の追加によって、環境が常に変化しうる。この再構成可能性は、情報通信技術の本質的な特徴に由来している。インターネットをはじめとするネットワーク技術により、コンピュータやシステムは常時相互に接続されており、この相互接続性は地理的な距離や国境に関係なく存在する。つまり、サイバー空間では物理的な国境のような明確な境界線を意識せず、従来の地理的制約にも縛られない活動が可能となる。

　また、サイバー空間では攻撃と防御の概念が大きく変化している。通常兵器による環境では攻撃と防御の優位性が時代とともに変動し、核兵器による環境では攻撃が絶対的優位にあるが、サイバー戦略環境では、コンピュータに対する主導権の持続性が最も重要と

なる（表13）。ここでいう主導権の持続性とは、サイバー空間で自国に有利な安全保障の条件を設定・持続させることであり、相手方が次にどのような攻撃を仕掛けてくるか予想できている状態を指す。例えば、自国が事前に得た情報から相手側の行動を予測し、コンピュータの設定変更等を通じて攻撃を無効化したり、自分たちに優位な状況を作り出し続けるといった状態である。フィッシャケラーらは、この主導権の持続性という概念の重要性を指摘している。

表 13　通常兵器・核兵器・サイバー戦略環境の違い

	通常兵器	核兵器	サイバー空間
条件	攻撃と防御の相互作用	攻撃側の優位性	主導権の持続性
競争の様態	力の行使	力の保有	主導権の保有
前提	戦争の存在	戦争の不在	戦争以外の選択肢の追求

出所：筆者作成

　サイバー空間におけるアクターの多様さも重要な違いである。国家だけでなく、非国家主体や個人でも重大な影響を与える可能性があり、これは主に国家間の問題である通常兵器や核兵器の環境と異なっている。例えば、中国はサイバー空間を通じた情報戦を展開しており、そのアクターは中国政府や人民解放軍に限らない。例えば、政府や軍の管理下にない民族主義者や、台湾などで中国の統一戦線工作に協力して情報を発信する親中派人物、団体、政党もいる[213]。

　さらに、サイバー空間におけるコンピュータが常時相互接続されていることは、相手方と常時対峙している状態をもたらす。これはインターネットを通じたサービスが常時接続によって提供されてい

213　山口信治、八塚正晃、門間理良「認知領域とグレーゾーン事態の掌握を目指す中国」防衛研究所 中国安全保障レポート2023（https://www.nids.mod.go.jp/publication/chinareport/pdf/china_reportJPweb2023A01.pdf）

ることを考えれば、サイバー空間を構成する環境の条件として存在し、選択の余地がないことがわかる。

　例えば、ボットネットを利用したサイバー攻撃では、攻撃側は、家庭用のルータやIoT機器等に対するサイバー攻撃を通じて、自身の攻撃インフラに組み込むことが可能である。すなわち、これらの常時インターネットに接続されたコンピュータの設定を変更することで、攻撃側は自身に有利な状況を作り出すことができる。この環境では、サイバー空間上のコンピュータが世界中のどこからでも攻撃され、攻撃インフラに変貌する可能性がある。これにより、平時と有事の区別が不明確になり、潜在的な脅威に常にさらされている状態が生まれる。

（2）サイバー攻撃の拡張可能性と即時性

　サイバー攻撃の拡張可能性と即時性も特筆すべき点である。拡張可能性とは、コンピュータ端末やソフトウェアへの小規模な変更がネットワークに大規模な影響を及ぼす可能性を意味する。また、プログラムのコードが操作手段であると同時に操作空間でもあるという二重性は、サイバー空間自体が操作可能な対象となり、小規模な変更が大規模な影響を及ぼす可能性を示している。

　そして、サイバー空間は構成するコンピュータの設定変更や更新により、環境を瞬時に再構成される。そのため、サイバー攻撃による影響や対抗策の効果も即時に表れることがあり、戦略環境自体が攻撃と防御の動的な変化を生み出している。これがサイバー攻撃の即時性である。これは、通常兵器や核兵器の使用とは比較にならない速度と規模で、サイバー空間における戦略環境の主導権の持ち主が変わることを示している。

　サイバー空間の特徴は、この拡張可能性と即時性が組み合わさる

ことにある。大規模な攻撃が瞬時に行われる可能性があり、同時に世界中の多数の標的に対して並行して攻撃が行われることもある。それと同時に防御側も、広範囲にわたるシステムを即座に更新したり、保護したりすることが可能である。このような特性により、サイバー空間では相手側よりも先んじて行動し、主導権を握ることが極めて重要になる。すなわち、攻撃者は常に新しい脆弱性を探し、防御者は常にシステムを監視し、更新する必要があるといえる。

（3）サイバー攻撃が与える累積的な影響

　サイバー空間上での活動の効果は、単発的な事象よりも、時間経過に伴う累積的な影響として表れる。そのため、サイバー攻撃への対処は通常兵器や核兵器とは異なるアプローチが必要になる。例えば、パスワードなどの認証情報の漏洩を伴うサイバー攻撃は、攻撃の特定と封じ込めに292日かかるといわれている[214]。サイバー攻撃により企業活動に影響が出ることを考えれば、期間が長くなるほどその影響も大きくなる。この累積的影響は、サイバー空間の特性と、そこでの活動の性質が通常兵器・核兵器と異なることに起因する。

　攻撃者にとって、常時接続されたコンピュータは、累積的な影響を与えるのに都合が良い。なぜなら、長期間標的システムに潜伏しながら、徐々に情報収集や小規模な変更を行うことができるからだ。これらの個々の行動は短期的には些細にみえても、時間をかけて重大な影響をもたらす可能性がある。例えば、工場のコンピュータに継続的に軽微なシステムエラーを引き起こし、累積的に生産性を低下させるといった方法がある。

214　日本IBM「データ侵害のコストに関する調査2024」2024年9月（https://www.ibm.com/downloads/cas/AVJELWN3）

多くのサイバー攻撃は、即時的な破壊よりも、長期的な情報収集や系統的な脆弱性の悪用による阻害を目的としている。例えばサイバー空間におけるスパイ活動や知的財産の窃取は、一回の行動ではなく継続的なプロセスとして行われ、時間をかけて価値ある情報を探し出して獲得し、より深刻な被害を与える。

2020年頃から被害が拡大した侵入型ランサムウェアは、この累積的な影響の典型例である。攻撃者は、長期間組織内に潜伏して重要なファイルを探し、暗号化するだけでなく、この情報を窃取する。その後、ファイルの暗号化を解除するための身代金と、暴露サイトでの情報公開をやめることと引き換えの身代金を要求する。これは二重の脅迫と呼ばれており、支払いがない場合、窃取したファイルを公開し、情報漏洩被害を引き起こす。

一連の攻撃では、ランサムウェアによるファイル暗号化等の被害の顕在化から暴露サイトでの情報公開まで、数日から数週間の時間がある。例えば、2020年に犯罪集団Ragnar Locker（ラグナロッカー）は、ゲーム大手のカプコンに対して二重の脅迫を仕掛けた[215]。その後、カプコンは身代金の支払いを拒否し、新ゲームの開発情報や個人情報などが暴露された。このサイバー攻撃では、攻撃者がカプコンのネットワークに侵入した後、1週間でデータを暴露している。カプコンは数カ月間の調査を行う等、業務への影響が長期間にわたった。

攻撃者がシステムに潜伏する平均期間は、2020年時点で15日間程度であったが、2024年時点では6日間程度になったといわれており、攻撃者は短期間で機微なデータを見つける傾向にある[216]。一方、被

215　カプコン「不正アクセスに関する調査結果のご報告【第4報】」2021年4月13日（https://www.capcom.co.jp/ir/news/html/210413.html）
216　John Shier and Angela Gunn, "It's Oh So Quiet (?): The Sophos Active Adversary Report for 1H 2024," Sophos News, April 3, 2024（https://news.sophos.com/en-us/2024/04/03/active-adversary-report-1h-2024/）

害者側の観点からみれば、サイバー攻撃が与えた影響は、ネットワークの復旧、被害調査、法執行機関による捜査など、長期化している。

　また、金融システムに対する持続的な攻撃も、累積的な影響を狙ったものといえる。北朝鮮による国際金融システムへの継続的な攻撃は、一回一回は比較的小規模であっても、長期間にわたって累積すると、国際的な制裁を回避し、自国の核開発プログラムを支援するための資金を調達するという戦略的目標の達成に寄与している。例えば、国連安保理北朝鮮制裁委員会専門家パネルの報告書は、北朝鮮がサイバー攻撃を通じて、2017年から2023年にかけて30億ドル相当の暗号資産を獲得したと指摘している[217]。

　さらに、選挙への干渉などの情報操作活動も、長期的な累積的影響を持つ。1回あたりのサイバー攻撃や偽情報拡散の影響は小さいが、長期間継続すると、経済的な影響や社会の分断を深めることで、民主主義プロセスへの信頼を徐々に損なう可能性がある。例えば、2011年の東日本大震災の影響を強調する商品の風評が広がったことで消費者による買い控えが起こり、生産者が経済的な影響を受けた[218]。また、2022年の台湾の選挙ではソーシャルメディア上で人々の間に不信感を呼び起こし、政府への信用を低下させようとしたとの報道もある[219]。これらの効果は時間をかけて徐々に顕在化する。

217　UN Security Council, "S/2024/215 Final report of the Panel of Experts submitted pursuant to resolution 2680（2023）," March 7, 2024（https://documents.un.org/doc/undoc/gen/n24/032/68/pdf/n2403268. pdf）

218　文部科学省「いわゆる風評被害の事例」原子力損害賠償紛争審査会（第11回）配付資料、2011年7月19日（https://www.mext.go.jp/b_menu/shingi/chousa/kaihatu/016/shiryo/__icsFiles/afieldfile/2011/07/19/1308665_2_1.pdf）

219　NHK『『情報戦』の最前線 台湾ではいま』2023年1月13日（https://www3.nhk.or.jp/news/special/sci_cul/2023/01/special/taiwan-2/）

（4）継続的な攻防、主導権の奪い合い

　サイバー空間の再構成可能な性質は、通常兵器・核兵器による戦略環境とは異なり、攻撃者が常に新たな侵入経路を見出し、防御策を迂回することを可能とした。この性質によって行われる継続的な攻防は、攻撃側と防御側のどちらかが達成する一回の決定的な勝利ではなく、長期的な優位性の獲得を目指すものとなる。情報システムを防御する側の視点に立てば、ソフトウェアのアップデートにより侵入経路を遮断して守りを固めることもできるが、侵入後の敵側の動作を調査する機会として活用することもできる。防御側は相手が何を狙っているか、どんなコードを利用しているかといった攻撃者に関する情報をできる限り収集し、どこかのタイミングで守りを固め、追い出すことも可能である。

　サイバー攻撃の影響を標的側が即時に検知することが困難であることも、累積的な影響を生む要因である。データの漏洩や改ざんは発見までに時間がかかり、その間被害が拡大し続ける可能性がある。例えば、情報システム上のユーザーの権限を管理するMicrosoft Active Directoryは、2014年頃から様々なサイバー攻撃の標的となり続けている[220]。Active Directory が狙われる理由は、それ自体の仕組みが複雑であることと、利用範囲が広いためである。Active Directoryは、ユーザー認証、アクセス管理、リソース制御などの複数の複雑な機能を担っている。また、企業などではネットワーク上で多くのユーザーと機器が Active Directory と通信を行っている。そのため被害者側は、Active Directoryの動作を監視していたとしても、それらを正常なものと悪意のあるものに区別するのが難しい。なぜなら、攻

220　JPCERT/CC「ログを活用したActive Directoryに対する攻撃の検知と対策」2017年7月28日（https://www.jpcert.or.jp/research/AD.html）

撃者は正規のユーザーアカウントを使用して活動し、正常な動作に紛れ込みやすいからである。

さらに、攻撃者は、段階的かつ慎重に攻撃を行うこともわかっている。攻撃者は長期間にわたって潜伏することで侵害範囲を少しずつ拡大する手法をとっている。この攻撃手法は、急激な変化や異常を引き起こさないため、従来の監視システムでは検出が難しい。また、Active Directoryの侵害は即座に目にみえる被害をもたらすとは限らない。

攻撃者は情報収集やさらなる攻撃準備のために、長期間活動を続けることがある。例えば、2020年12月に報道された米連邦政府に対するサイバー攻撃では、攻撃者は数カ月をかけて侵害を行った。攻撃者については、ロシア政府と関係のあるサイバー犯罪集団APT29（CozyBear）であるといわれている[221]。この侵害で攻撃者は、SolarWindsのOrion Platformのソフトウェアアップデートにバックドアを仕込み、複数のマルウェアを段階的に使い、ID・パスワード等の資格情報の窃取を行った。その後、Active Directoryの管理者権限を奪取し、さらに侵害を続けたといわれている[222]。

このように、サイバー空間での活動の累積的影響が重要となる理由は、サイバー戦略環境の持続的性質、攻撃の長期的目的、再構成可能な環境での継続的攻防、潜在的影響の遅延的顕在化、情報環境への長期的影響といった要因が複合的に作用するためである。これ

---

221 US Whitehouse, "FACT SHEET: Imposing Costs for Harmful Foreign Activities by the Russian Government," April 15, 2021（https://www.whitehouse.gov/briefing-room/statements-releases/2021/04/15/fact-sheet-imposing-costs-for-harmful-foreign-activities-by-the-russian-government/）；Ellen Nakashima, "Russian government spies are behind a broad hacking campaign that has breached U.S. agencies and a top cyber firm," The Washington Post, December 13, 2020（https://www.washingtonpost.com/national-security/russian-government-spies-are-behind-a-broad-hacking-campaign-that-has-breached-us-agencies-and-a-top-cyber-firm/2020/12/13/d5a53b88-3d7d-11eb-9453-fc36ba051781_story.html）

222 US Cybersecurity and Infrastructure Security Agency, "Remediating Networks Affected by the SolarWinds and Active Directory/M365 Compromise," May 14, 2021（https://www.cisa.gov/news-events/news/remediating-networks-affected-solarwinds-and-active-directorym365-compromise）

らの特性は従来の物理的な戦略環境とは大きく異なり、サイバーセキュリティにおいて新たなアプローチと長期的視点の必要性を示唆している。

4-5 サイバー戦略環境における抑止概念の変化

　第二次世界大戦後に登場した抑止の概念は、サイバー戦略環境で変化している。核兵器による戦略環境での抑止は報復の脅威に基づくが、サイバー空間では相手方による脆弱性の悪用を予測し、自身の主導権を維持・確保する能力が重要となる。

　抑止の概念がサイバー戦略環境で変化している理由は、核兵器による戦略環境とサイバー空間において行う活動の性質が異なるためである。先に述べたとおり、核兵器による戦略環境での抑止は、主に相互確証破壊の概念に基づいており、核攻撃に対する大規模な報復の脅威が敵対国の攻撃を思いとどまらせるという考えに立脚している。この抑止の概念は、攻撃の結果が明確で壊滅的であり、攻撃者の特定が比較的容易であるという前提に立っている。

　一方、サイバー戦略環境には、この従来の抑止概念を適用しにくい。まず、サイバー攻撃の発信源を確実に特定することは困難であり、報復の対象を明確にできないというアトリビューションの問題がある。攻撃を行う主体は、核兵器の場合は主に国家だが、サイバー攻撃の場合、国家以外に個人や小さな組織もあり、攻撃の発信源が攻撃者の所在地とは限らない。そのため、攻撃者＝報復の標的という関係を単純に適用できない。よって、抑止におけるメッセージでは任意の人物・対象を想定するか、特定の国家を想定するかを明

らかにしておかなければならない。リン（Herbert Lin）は、サイバー空間における帰属について、少なくとも3つの意味があると指摘している[223]。まず、サイバー空間における悪意のある活動を行ったコンピュータの帰属、次にこの活動に関与した人物の帰属、そして、この活動に関して指揮統制の責任を有する者の帰属である。

　また、サイバー攻撃の影響は様々で、即時に明確な被害がみえない場合もあり、どの程度の攻撃が報復に値するのかという閾値も曖昧である。例えば、被害者側がサイバー攻撃による一部情報の書き換え等の見かけ上は小さな被害を探知することはできても、それが大きな被害であるとの確証を得ることは難しい。

　これらの要因により、フィッシャケラーらは、伝統的な抑止が効果的でなくなった代わりに、脆弱性の悪用を予測して主導権を維持する能力が重要となっていると指摘している。このサイバー戦略環境における新しい形の抑止は、能動的防御、レジリエンス、持続的な優位性、情報優位、国際協力といった要素から成り立っている。

　このアプローチは、単に相手方の攻撃を思いとどまらせるのではなく、攻撃そのものを困難にし、その効果を最小限に抑えることを目指している。つまり、サイバー戦略環境での抑止は、静的な脅威のバランスではなく、動的で継続的なプロセスとなる。この変化は、サイバー空間の常に変化する性質と、そこでの持続的な競争の重要性を反映している。

　従来の抑止概念からこの新しいアプローチへの移行は既にいくつかの国で始まっており、それらの国の安全保障政策に大きな影響を与えている。国家がこの動的で継続的なプロセスに対応するためには、サイバー空間における安全保障の考えを、一回の決定的な勝利や威嚇ではなく、継続的な優位性の維持確保を念頭に置いた安全保

223　Herbert Lin, "Attribution of Malicious Cyber Incidents: From Soup to Nuts," Journal of International Affairs 70, No.1, 2016, pp.75-137（https://www.jstor.org/stable/90012598）

障に転換する必要がある。

　また国家は、優位性の維持確保は環境変化に対する迅速な適応能力をもてるかにかかっていることを念頭に、政策や組織編成を展開する必要がある。例えば、米国の前方防衛と持続的関与や英国のACDは、従来の受動的な対応ではなく、動的で継続的な優位性の維持確保に向けたプロセスといえる。

4-6　従来の戦争の代替手段としてのサイバー攻撃

　サイバー空間は従来の戦争の代替手段として、直接的な軍事衝突を避けつつ、戦略的目標を達成するための新たな手段を提供する。国家は、サイバー空間において政治目標を達成するために、通常兵器や核兵器による直接的な脅威や使用とは異なるアプローチをとる。以降では、このアプローチによって、国家はコスト・リスクが低く、帰属特定の困難さを活用しながら、軍事行動では達成困難な目標の実現ができることを指摘する。

　まず、サイバー空間での活動に必要なコストとリスクは、物理的な軍事行動と比較して、はるかに低い。攻撃側は軍隊や兵器の物理的な移動を必要とせず、人命損失のリスクも大幅に低減される。これにより、国家は直接的な軍事衝突のエスカレーションを避けつつ、相手国に対して圧力をかけたり、影響力を行使したりすることが可能となる。

　次に、先に述べたとおり、サイバー攻撃に関する帰属特定の困難さは、攻撃者が匿名性を維持することと攻撃を行っていないと主張する否認可能性を与える。これらを活用することで、国家は戦争を

宣言することなく、あるいは国際法上の武力行使の閾値を超えることなく、敵対的な行動をとることができる。この曖昧さは、外交的な柔軟性を維持しつつ、相手国に圧力をかけて戦略的目標を追求することを可能にする。

そして、サイバー空間での活動は、従来の軍事行動では達成が困難な目標を実現する手段を提供する。例えば、重要インフラへの攻撃、経済システムの混乱、情報操作による世論形成など、社会の様々な側面に影響を与えることができる。これらの行動は、物理的な破壊を伴わずに、敵対国の意思決定や社会の安定性に大きな影響をおよぼす。

サイバー空間での活動を通じた累積的な影響は、長期にわたって持続する可能性がある。継続的な情報収集、システムへの潜伏、徐々に増大する影響力の行使など、時間をかけて戦略的優位性を構築することができるので、短期的で決定的な軍事行動とは異なるアプローチを可能にする。

現代の国際関係において、直接的な軍事衝突のコストとリスクは極めて高くなっている。その背景には、核兵器の存在、国際世論の重要性、経済的相互依存など、様々な要因が従来型の戦争を回避する圧力となっていることがある。このような状況下で、サイバー空間は、国家間の競争や対立を表現するための、より受け入れやすい領域となっている。

これらの理由により、サイバー戦略環境では、安全保障の意味が従来の戦略環境とは大きく異なり、新たな概念や戦略が必要とされているのである。

4-7 サイバー戦略環境における持続性理論

　ここまで、国家がサイバー空間での脅威に対応するためには、従来の安全保障概念を根本的に見直し、サイバー空間の特性に即した新たなアプローチをとる必要性を示してきた。このアプローチをとるために、サイバー空間の特性に合わせた安全保障の概念を説明するフィッシャケラーらによるサイバー持続性理論（Cyber Persistence Theory）を紹介する。

　フィッシャケラーらの提唱するサイバー持続性理論は、サイバー空間における国家の行動と力学を説明することを目的としている。この理論は、従来の核戦略や通常戦力の理論では十分に説明できなかったサイバー空間特有の現象を理解するための、新しい枠組みを提供する。それは、サイバー空間の構造的特性が国家の行動に与える影響を分析し、その結果生じる戦略的相互作用のパターンを説明しようとするものである。

　この理論が注目する主な事象は、サイバー空間における既成事実化と直接的な関与である。サイバー空間における既成事実化とは、攻撃対象が損失に気づかない、対応できない、または対応したくない場合に、攻撃者が限定的かつ一方的な利益を得ることを指す。既成事実化は、従来の戦略環境と同じく、自らに都合の良いように一方的に現状変更を行い、それを固定化しようとすることを意味する。また、直接的な関与とは、サイバー空間における相手側の行動に対応する行為等を指す。例えば、2020年の米大統領選挙を保護するため、米サイバー軍がTrickbotに対して行ったサイバー攻撃があ

る。

サイバー持続性理論は、サイバー戦略環境における現象の分析にあたって次の条件を仮定している。まず、サイバー空間には固有の脆弱性と回復力があることである。これはソフトウェアやネットワークの構造上の脆弱性や、それらに対するパッチの適用による緩和策の実行、そして常時接続されたコンピュータの設定変更による回復力を意味している。

次に、国家はサイバー空間で持続的に行動する能力と意思を持つことを仮定している。これは、国家が常時接続されたコンピュータを通じて行動する能力を保持しようとすることや、継続的な作戦を通じた累積的な効果を狙うことを意味している。

そして、この理論は国家がサイバー空間で行動する際の目的は主に搾取であることを仮定している。この仮定が意味するのは、国家のサイバー空間での行動目的は、金融システムの悪用による不正送金や、知的財産の窃取、機微な情報の獲得といった、一方的な搾取を通じた政治的目標の達成にあることである。そのためサイバー持続性理論は、武力による強制・抑止・交渉といった相手側の行動や考え方に基づく行動とは異なる事象を分析対象としている。

サイバー持続性理論の中核となる考え方は競争的相互作用である。競争的相互作用とは、国家がサイバー空間における既成事実化と直接的な関与を行うことで、持続的な競争が続く状況を指す。サイバー空間の構造的特性から生じる共通のインセンティブと制約の中で展開され、国家はサイバー空間の脆弱性と回復力を利用しながら、自国に有利な安全保障条件を設定しようと試み続ける。この競争的相互作用は動的かつ反復的な性質を持ち、一方の行動が他方の対応を引き起こし、それがまた新たな行動を生み出すという連鎖を形成する。この過程を通じて、国家間に暗黙の了解や相互理解が

徐々に形成されていく。

　競争的相互作用は、従来の核戦略や通常戦力の理論で想定されていたエスカレーションの力学とは異なり、より持続的かつ低強度の競争を特徴とする。これは、サイバー空間が提供する独特の戦略環境を反映したものである。国家によるサイバー空間上での個々の行動は限定的な影響しか持たないかもしれないが、長期的には国際的な力の分布に影響を与える累積的な効果を生み出す可能性がある。

　サイバー持続性理論を、サイバー空間をめぐる国際関係を記述する関数としてみれば、入力はサイバー空間の構造的特性、国家の戦略的目標と利益、技術的能力と資源、国際的な力の分布の現状、他国のサイバー活動情報である。

　このシステムの中核となる関数は競争的相互作用の力学である。この関数は、サイバー空間における既成事実化の実行可能性評価、直接的なサイバー関与の必要性判断、サイバー合意競争の境界調整などのプロセスを含むことになる。

　そして、システムの出力は、サイバー空間における既成事実化の実行、直接的なサイバー関与の発生、サイバー合意競争の状態更新、国際的な力の分布への影響、安全保障条件の変化、国家間の相互理解の進展として表れる。これによってサイバー空間をめぐる国際関係が変化し、フィードバックとして入力に影響を与え、システム全体が変化していくことがわかる。

　サイバー持続性理論は戦略構造そのものに関する理論であり、核戦略理論が主に国家間の特定の関係（抑止）に焦点を当てているのとは対照的である。サイバー持続性理論は、サイバー空間という新しい領域における戦略的行動の基本的なパターンと構造を理解しようとしているのに対し、核戦略理論は既存の国際システムの中での

特定の戦略的関係を分析するものである。

　また、この理論は、サイバー空間という特定の領域に焦点を当てているが、その基本的な考え方は他の新興技術領域や、従来の戦略理論では十分に説明できない新たな戦略環境にも適用できる可能性がある。したがって、一定の汎用性を持つと考えられる。

4-8 サイバー空間の再構成可能な地形

　サイバー戦略環境ならではの特徴は、従来の戦略環境で不変であった地形が、再構成可能なコンピュータによって構成されることである。この特徴は、サイバー戦略環境を従来の物理的な戦略環境とは根本的に異なるものにしている。この環境では主導権の持続性が重要となり、従来の攻撃と防御の概念を超えた新しい安全保障アプローチが必要となる。すなわち、国家や組織は、この常に変化する環境に適応し、自らに有利な条件を設定し続けることが求められるのである。

　この戦略環境の特徴は、情報通信技術の特性に由来する。すなわち、コンピュータやネットワークが、インターネット等を通じて相互に常時接続されており、国境などの境界がなく、設定を変更することで瞬時に再構成が可能であるという情報通信技術の特性が、サイバー戦略環境における課題を特徴付けている。そのため、従来の通常兵器・核兵器による戦略環境における攻撃側・防御側という概念を引き写すことを困難にしている。具体的には、攻撃側は家庭用のルータやIoT機器等の常時インターネットに接続されているコンピュータに対するサイバー攻撃を通じて設定を変更することで、それらを自身の攻撃インフラにすることが可能である。

時間の経過とともに、このような行動の累積的影響は、国家間の力の相対的な分布に変化を与え始める。すると、国家間の関係は戦略的に、従来の戦争の遂行や回避といった手段よりも、これらの代替手段であるサイバー空間を通じた影響力によって変化していくことになる。

4-9 優位性確保の観点からみた日本の政策

（1）行動原則による迅速な意思決定と対応

サイバー戦略空間の特性をふまえれば、国家がサイバーセキュリティ政策立案にあたって検討すべき課題は多岐にわたり、従来の安全保障概念を根本的に変革する必要がある。具体的には、国家は不測の事態に備えた計画よりも、行動の原則に焦点を当てた対処を想定した政策を立案する必要がある。

サイバー空間の動的な性質を考慮すると、固定的な計画よりも、状況に応じて柔軟に対応できる行動原則の確立が重要となる。ここでいう行動原則とは、軍事組織におけるドクトリンに類似した概念ではあるが、より広範囲な適用を想定している。サイバー空間の特性上、ドクトリンという軍事的文脈を超えて、政府と民間の行動原則となる。

行動原則があると何が良いのか。まず、行動原則は政府・民間セクターでの協調した行動の基礎となり、迅速な対応ができることが利点である。サイバーセキュリティに関する情報収集やインテリジ

ェンス生成、インシデント対応は、複数の組織が異なる観点から行動を開始する。被害組織であれば被害の局限化を目的とし、調整機関であれば攻撃手法をふまえた防御策を抽出することなど、様々な観点を持っている。その際に行動指針があると、被害組織が被害を局限化しつつ調整機関の分析を待つなど、他組織の行動を推測することが可能となり、迅速な意思決定と対応の実現につながる。

　日本政府が指定する重要インフラに限っていえば、この行動原則には、サイバーセキュリティ戦略に基づく「重要インフラのサイバーセキュリティに係る行動計画」が相当する。ただ、この行動計画は内閣サイバーセキュリティセンター（NISC）が重要インフラ関連省庁と重要インフラ事業者を対象に作成したものであり、他の政府機関や外務省および防衛省・自衛隊を包含するような行動計画とはなっていない。そのため、サイバー空間における国家の行動指針を、重要インフラ保護や軍事における防衛または攻撃の戦術を超えて、国家全体の戦略的アプローチを示すものとして再構成する必要がある。

　以降では、日本がこのアプローチを構成する要素をどの程度持っているのかをみつつ、不足しているものを探していく。

（2）行動原則を構成する要素

▶ ①官民の情報共有メカニズム
　このサイバー空間における国家の行動指針を策定するには、次のような要素を含む必要がある。まず、政府機関と専門機関の連携と情報共有のメカニズムである。現在、日本における情報共有メカニズムは複数ある。例えば、NISCが主導するCEPTOAR（Capability for Engineering of Protection, Technical Operation, Analysis and Response：セプター）、JPCERT/CC の CISTA（Collective Intelligence Station for Trusted

Advocates：シスタ）、情報処理推進機構（IPA）のJ-CSIPがある[224]。

CEPTOARは、NISCの重要インフラ事業者等の情報共有・分析を行う仕組みであり、NISCが提供する情報を、各重要インフラ分野の事業者間で共有する。すなわち、政府から民間事業者に向けた情報共有である。

JPCERT/CCのCISTAは、民間事業者間での情報共有である。CISTAは予測されるインシデントに関する早期警戒情報や、発生し影響の拡大が懸念されるインシデントに関する情報を3万6,000程度の政府機関や民間企業等に提供している。また、これらの情報から緊急度の高い情報を抽出し、注意喚起や組織間でのインシデント対応調整を行うなど、情報を対処につなげる役割を担っている。

IPAのJ-CSIPは、業種・業界に特化した情報共有の枠組みである。J-CSIPは、重工や重電等、重要インフラで利用される機器の製造業者を中心に情報共有を行っている。その他にも、同一の業種内での情報共有・連携の取り組みであるISAC（Information Sharing and Analysis Center）として、銀行や証券分野の金融ISAC、交通分野の交通ISAC、電力分野の電力ISACが、民間企業同士の情報交換を行っている。

これらの情報共有メカニズムの取り組みの違いは、情報収集の仕組み、取り扱う情報、または情報共有対象組織にある。サイバーセキュリティ対策には、その業界の事業ドメインに関する知識が欠かせず、それらを仲間で共有することは効率的である場合が多い。一方、横断的に情報を共有することは、大規模なサイバー攻撃の兆候を検知することや別の分野への被害拡大を防止する観点からも重要である。

224　JPCERT/CC「早期警戒」（https://www.jpcert.or.jp/about/06_2.html）；内閣サイバーセキュリティセンター「重要インフラグループ」（https://www.nisc.go.jp/policy/group/infra/policy.html）；情報処理推進機構「サイバー情報共有イニシアティブ J-CSIP（ジェイシップ）について」（https://www.ipa.go.jp/security/j-csip/about.html）

▶ ②官民連携パートナーシップ

次に、戦略アプローチの要素として、官民連携パートナーシップの促進が必要である。通信ネットワーク等のサイバー空間の大部分は民間企業によって所有・運営されている。すなわち、国家安全保障を支える要素の多くが民間企業の管理下にあるため、政府だけでは包括的なサイバーセキュリティを確保することは不可能であり、民間との緊密な協力が不可欠となる。例えば、日本国内には民間組織と政府の間でソフトウェア等の脆弱性関連情報の処理にあたって協力するための、情報セキュリティ早期警戒パートナーシップがある。また、2022年から総務省が進める電気通信事業者による積極的セキュリティ対策として、サイバー攻撃前の予兆行為が発生した段階で情報共有や分析ができるようになった。

さらに、サイバー攻撃の影響が官民の境界を越えて広がることもパートナーシップの必要性を示している。一つの企業へのサイバー攻撃が、サプライチェーンを通じて異なる企業だけでなく、国全体に波及する可能性がある。

このため、官民が協力して包括的な戦略を策定し、実行することが重要となる。また、サイバーセキュリティ人材の育成と技術革新においても官民連携は有効に活用できる。

▶ ③国際協力を前提とした行動と、規範形成への積極的参加

さらに異なる行動原則の要素として、国際協力と規範形成への積極的な参加もある。これは、国境を越えた相互接続というサイバー空間の本質的な特性と、現代の国際関係の複雑性に深く関連している。サイバー攻撃やその脅威は一国の境界内にとどまらず、瞬時に世界中に影響を及ぼす可能性がある。このグローバルな性質ゆえに、一国だけの努力では効果的なサイバーセキュリティを確保することは困難であり、国際的な協調行動を念頭に置いた行動原則が不

可欠となる。また、国際的な規範や基準の形成過程に積極的に関与することは、自国の利益や価値観を反映した規範や、有利な国際環境を構築することにつながる。逆に、積極的に関与することができなければ、他国によって設定された規範に従わざるを得なくなり、戦略的な不利益を被る可能性がある。

　サイバー空間における攻撃の帰属特定問題や、適切な対応の閾値の設定など、多くの課題は国際的な合意なしには解決が困難である。これらの課題に対処するための国際的な枠組みや協力メカニズムの構築に参加することは、自国の安全保障利益を守る上で欠かせない。

　さらに、サイバー空間における国家間の競争が激化する中、紛争のエスカレーションを防ぎ、安定性を維持するためには、一定の国際的な行動規範が必要となる。これらの規範形成に積極的に参加することで、責任ある国家の行動を規定する枠組みを構築することができる。

　サイバー空間が経済活動や社会生活の重要な基盤となっている現状を考えると、国際的な規範や協力の枠組みは、デジタル経済の発展や技術革新の促進にも不可欠である。これらの分野での国際協力に積極的に参加することは、単なる安全保障上の利益だけでなく、経済的・技術的な競争力の維持にも寄与する。

▶ ④インシデントへの迅速な対応とレジリエンスの強化

　行動原則の要素として、インシデントへの迅速な対応が挙げられる。インシデントへの迅速な対応は被害の最小化と攻撃の拡大防止に直結する。サイバー攻撃は瞬時に広範囲に影響を及ぼす可能性があるため、初動の速さが被害の規模を左右する。例えば、脆弱なソフトウェアに対する迅速なセキュリティパッチ適用やセキュリティ監視からの迅速な対応は、攻撃者の意図や手法を素早く把握し、効

果的な対策を講じる上でも重要である。

　また、レジリエンスの強化は、サイバー攻撃を完全に防ぐことはできないという現実をふまえた上で、攻撃を受けた後も重要な機能を維持し、迅速に正常な状態に戻る能力を意味する。これは、サイバー空間での持続的な活動を保証するために不可欠な要素である。

　このレジリエンスに含まれるデジタル環境の変化に対する継続的な適応能力の養成は、サイバー空間の進化に後れをとらないために必要不可欠である。新たな技術やサービスの登場、社会のデジタル化の進展、そして新しい形態の脅威の出現など、サイバー環境は絶えず変化している。この変化に追随し、さらには先んじて対応する能力がなければ、サイバー空間での競争力を維持することは困難である。

　日本政府の取り組みをみてみると、内閣官房を中心として関係省庁や民間事業者が重要インフラ演習の強化および個別分野におけるレジリエンス向上に取り組んでいることがわかる[225]。ただ、官民横断演習のシナリオとして重要インフラサービスの途絶や外部の重要インフラサービスの障害発生等の状況を盛り込むといった対応であり、行動原則を確立するには至っていない。

225　内閣サイバーセキュリティセンター「サイバーセキュリティ2024」2024年7月10日、p.8（https://www.nisc.go.jp/pdf/policy/kihon-s/cs2024.pdf）

4-10 組織的な能力整備の要素

（1）攻撃者視点の重要性

　サイバー持続性理論は、サイバー空間の戦略環境が備える特徴を理解する手がかりを提供してきた。この戦略環境では、二つの勢力が経済的利益や情報の継続的な搾取を通じて優位性を確保しようとする。その優位性は、コンピュータやネットワークの脆弱性とそれへの対策によって、容易に変化することを示した。

　サイバー空間における脅威から自身を守ろうとするとき、攻撃者の視点に立って対策を検討する必要がある。なぜなら、防御側にとっては相手側の攻撃の意図がわからない状況で、相手の戦術・技術・手順（Tactics, Techniques, Procedures：TTPs）を分析し、戦略目標を推定しなければならないからだ。

　このような状況に対して、相手側が攻撃に利用した手法から目的や動機を分析し防御に役立てる際には脅威インテリジェンスという考え方で、相手側の目的や動機を分析することができる。脅威インテリジェンスでは、複数の理論を用いてサイバー攻撃を分析する。これらの理論に共通するのは、サイバー攻撃が最終的な目的の達成に至るまで段階的に推移する行為であるということだ。

　例えば、サイバー攻撃は、サイバーキルチェーンというフレームワークを用いることで攻撃側の行動を7段階に分類することができる[226]。このサイバーキルチェーンに基づき、マルウェアを用いた情報窃取を目的としたサイバー攻撃を分析すると、（1）攻撃対象とな

る標的の偵察、（2）マルウェア作成などの武器化、（3）マルウェア
を相手側のコンピュータに感染させるための配送、（4）コンピュー
タ上でのマルウェアの実行による攻撃、（5）攻撃を持続させるため
にマルウェアを再度実行できるよう相手側のコンピュータへインス
トールする、（6）マルウェアを利用して攻撃側と標的となったコン
ピュータからファイルを転送できるように遠隔操作可能な状態にす
る、（7）目的のファイルを窃取し目的を達成する、という形で詳細
に分析できる。攻撃者はサイバー攻撃を実行する際に様々な手法を
駆使するが、防御側がフレームワークを通じて攻撃を理解すること
で、その目的や動機を推定し、どのような防御策が有効かを検討す
ることができる。

　また、MITRE ATT&CKのフレームワークでは、サイバー攻撃の特
徴の分析に基づき、攻撃者の分類や分析をすることができる[227]。
ATT&CKはサイバーキルチェーンを発展させたものであり、企業や
攻撃を行う脅威アクターに関する情報共有のフォーマットとなって
いる。実際、米サイバーセキュリティ・インフラストラクチャセキ
ュリティ庁やNISCの文書における共通言語となりつつある[228]。

　すなわち、今後のサイバー空間の防御を担う組織には、相手側の
行為にうまく対応するための攻撃者視点が必要になってきているの
である。

---

226 Eric M. Hutchins, "Intelligence-Driven Computer Network Defense Informed by Analysis of Adversary Campaigns and Intrusion Kill Chains," January, 2011（https://www.lockheedmartin.com/content/dam/lockheed-martin/rms/documents/cyber/LM-White-Paper-Intel-Driven-Defense.pdf）
227 MITRE, "ATT&CK,"（https://attack.mitre.org/）
228 内閣サイバーセキュリティセンター「人権保護や民主主義の推進に関与する組織や個人のためのガイダンス：限られたリソースでサイバー脅威を緩和」2024年5月（https://www.nisc.go.jp/pdf/policy/kokusai/Provisional_Translation_JP_Mitigating_Threats.pdf）；US Cybersecurity and Infrastructure Security Agency, "Best Practices for MITRE ATT&CK® Mapping," January17, 2023（https://www.cisa.gov/news-events/news/best-practices-mitre-attckr-mapping）

（2）サイバー攻撃能力の要素

　組織的な観点からみても、サイバー攻撃は複数の構成要素によっ
て成り立っている。また、国家が行うサイバー攻撃は複雑化してお
り、その要素を洗練させることは、作戦を計画し、実行するために
必要不可欠なものとなっている。そこで、スミーツ（Max Smeets）が
提示しているPETIOフレームワークを紹介する。PETIOフレームワ
ークとは、組織的なサイバー攻撃を行う組織的な要素として、人材
（People）、エクスプロイト（Exploit）、ツール（Tools set）、インフラス
トラクチャ（Infrastructure）、組織構造（Organizational Structure）を指
摘したものであり、それぞれの頭文字をとったものである。
　ここでは、攻撃者の立場からみた要素も含めて紹介することで、
サイバー空間における課題に対処する組織に求められる複雑度と洗
練度を示していきたい。

▶ ①専門的かつ多層的な人材

　人材は、サイバー攻撃能力の中で最も重要な要素である。効果的
なサイバー攻撃を実行するには、技術的に熟練した人材だけでな
く、多様な専門家が必要である。具体的には、脆弱性アナリスト、
開発者、オペレーター、システム管理者、テスター、調達担当、言
語学者、広報・総務、法律家、戦略家、標的選定、現場要員、コン
サルタント、施設管理などから構成されるチームが必要である。
　脆弱性アナリストは、ソフトウェアの脆弱性を調査する役割を担
う。例えば、脆弱性アナリストが行う手法には、熟練が必要なもの
もある。ソフトウェアに問題を引き起こしそうなデータを入力する
ファジングというテストは、製品の出荷前に脆弱性を発見する試験
の項目として採用されている。マイクロソフトやグーグルもオープ

ンソースのファジングツールを提供しており、ソフトウェア開発における段階のひとつとみなされている[229]。ただし、このファジングに要する時間を十分確保することだけでなく、そこから得られる情報を活用して悪用することには熟練が必要である。

その他の人員についてみれば、マルウェアやエクスプロイト、ツールキットなどを開発する開発者が必要である。例えば攻撃側の視点に立てば、オペレーターは、実際にコンピュータシステムやネットワークにアクセスし、開発されたマルウェアを展開・維持する役割を担う。システム管理者は、攻撃に使用されるシステムの信頼性の高い維持・設定・運用を確保する。テスターは、エクスプロイトとツールの機能と信頼性をテストする。調達担当は、必要に応じてウェブサービスへのアカウントの登録や、非合法なマーケットでの機能の購入などを行う。逆に防御側の視点に立てば、これらの攻撃側の視点やスキルを持って、情報収集できる人材が必要となる。

さらに、サイバー攻撃を効果的に実施するためには、技術的なこと以外をカバーする要員も必要である。言語学者は、調査をサポートするためのテキストおよび音声の書き起こしと翻訳を行う。広報や総務は、チームの全般的な活動を支援し、人事や国内外の関係機関との交渉、メディア対応などを担当する。法律家は、作戦の法的側面を監督し、助言を行う。戦略家は、組織の目的と方法・手段を結びつける戦略的助言を提供する。標的選定の担当者は、攻撃対象の選定や副次的効果の推定、作戦計画の支援を行う。

現代のサイバー攻撃は必ずしも、遠隔地から攻撃するだけではない。そのため、コンピュータシステムやネットワークへの物理的なアクセスと監視を担当する現場要員が必要である。また、コンサルタントは、地域や業種といった特定の領域に特化した専門知識を提

---

229 Microsoft, "OneFuzz,"（https://github.com/microsoft/onefuzz）；Google, "OSS-Fuzz: Continuous Fuzzing for Open Source Software,"（https://github.com/google/oss-fuzz）

供する。施設管理は、上記のチームメンバーが活動する施設の運営や日常業務の支援を行う。これらの多様な人材が効果的に協力することで、組織は複雑なサイバー攻撃を計画し、実行することが可能となる。

▶ ②エクスプロイト：脆弱性の悪用と種類

エクスプロイト（悪用）とは、攻撃者がコンピュータシステムの脆弱性を悪用してアクセスを獲得・拡大・維持する方法である。エクスプロイトは、脆弱性が発見される前のゼロデイ攻撃、脆弱性が発表されてからパッチが適用されるまでの間の攻撃、パッチ適用後の攻撃の3つのカテゴリーに分類される。防御側もエクスプロイトに関する情報を監視しており、攻撃者の視点に立った分析が重要である。

ゼロデイ攻撃は、開発者が把握していない脆弱性を悪用する攻撃である。このゼロデイ脆弱性は、非常に価値が高く、攻撃者は最も重要な標的に対して使用する。パッチ未適用の攻撃は、開発者にとっては既知だがパッチが適用されていないコンピュータが持つ脆弱性を悪用する攻撃である。そのため、公開された脆弱性情報をもとに短期間でエクスプロイトを作り上げる必要がある。パッチ適用後攻撃は、パッチが適用されているにもかかわらず、攻撃者が標的のコンピュータに内在する別の利用可能な脆弱性を悪用する攻撃である。

攻撃者は、多くの場合、複数の脆弱性を組み合わせて攻撃を行う。その後、一部の攻撃では標的システム上で、自由に情報を閲覧・変更することやプログラムを実行できる特権的な地位を獲得する。ゼロデイ攻撃は強力だが、既知の脆弱性を利用する方が、多くの場合効果的である。これは、多くの組織がパッチの適用に時間がかかるため、既知の脆弱性が長期間にわたって悪用可能な状態で残

されているからである。

脆弱性の悪用は、サイバー攻撃を構成する重要な要素となっている。脆弱性を悪用した攻撃が成功するかどうかは、セキュリティパッチが適用されるまでの時間の長さに依存している。一般的な企業では、深刻度が中程度の脆弱性に対するパッチ適用に1カ月以上かかることがあり、この期間中、システムは攻撃に対して無防備な状態に置かれている。さらに深刻なのは、産業用制御システムなどの特殊な環境では、パッチ適用にかかる時間がさらに長くなり、平均で150日に及ぶこともある[230]。これは、重要インフラや製造プロセスの継続的な運用が必要とされる環境では、システムの停止や更新が困難であるためである。

米国のシンクタンクランド研究所による研究は、この問題の複雑さをさらに浮き彫りにしている[231]。ゼロデイ脆弱性の平均寿命は約7年と推定されているが、この数字には大きなばらつきがある。ゼロデイ脆弱性のうち約25％は1年半以内に発見される一方で、別の25％は9年半以上も未発見のまま存続する。これは、一度発見された脆弱性が長期間にわたって脅威となり続ける可能性を示している。

また、政府機関にとっても脆弱性の調査は重要である。日本をはじめとする各国政府は、脆弱性の発見・通報から、開発者等への通知、対策と存在の公開に至る手続きを決めている。その重要性は二つの側面を持っており、重要インフラ等を守る上での重要性だけでなく、インテリジェンス活動や攻撃作戦のための重要性を持ってい

230　Trend Micro, "Hacker Machine Interface: The State of SCADA HMI Vulnerabilities," 2017（https://documents.trendmicro.com/assets/wp/wp-hacker-machine-interface.pdf）

231　Lillian Ablon, Andy Bogart, "Zero Days, Thousands of Nights: The Life and Times of Zero-Day Vulnerabilities and Their Exploits," March 9, 2017（https://www.rand.org/pubs/research_reports/RR1751.html）

る。ヒーリー（Jason Healey）によると、米国政府は1990年代から脆弱性を利用した攻撃的な作戦を実施しており、国家安全保障局（NSA）がゼロデイ脆弱性を公開せずに数十程度保有していると指摘している[232]。ヒーリーの指摘は、2016年8月にShadowBrokersと名乗るグループが、NSAの保有していた15のエクスプロイトを公開した際、そこにゼロデイ脆弱性が含まれていたことや、政府関係者の発言等に基づいている。

　ただ、ゼロデイ脆弱性だけでなく、公開された脆弱性も重要との指摘もある。なぜなら攻撃者の対応速度は驚異的であり、新しい脆弱性が公開されてから数時間以内に、攻撃コードを開発し展開することができるからだ。攻撃者の素早い対応力により、多くの組織に対してパッチの適用前に攻撃を仕掛けることが可能となっている。つまり、脆弱性の公開から組織がパッチを適用するまでの期間が、攻撃者にとって攻撃が成功する時間枠となっているのである。

　この点に関連して、米第1次トランプ政権の国家安全保障アドバイザーであり、2024年までNSAでサイバーセキュリティ担当部長を務めていたジョイス（Rob Joyce）は、攻撃者にとって大規模なネットワークの悪用には継続性と集中力が重要であり、ゼロデイ脆弱性がなくとも侵入できると語っていた[233]。

▶ ③ツール：攻撃の理解

　防御側にとって攻撃者が利用するツールを理解することは、効率的な対処に欠かせない。近年のサイバー攻撃を実施する側に立てば、組織化したサイバー攻撃において誰でも利用できる既知ツールは、攻撃の効率化の観点から有用である。一方、防御側はこれらの

232　Jason Healey, "The U.S. Government and Zero-Day Vulnerability," November, 2016（https://www.sipa.columbia.edu/sites/default/files/2022-09/Healey％20VEP.pdf）

233　Rob Joyce, "Disrupting Nation State Hackers," USENIX Association, January, 2016（https://www.usenix.org/sites/default/files/conference/protected-files/engima2016_transcript_joyce_v2.pdf）

ツールの使用を前提とすることで、分析が行いやすくなる。

ツールキットは攻撃者が使用する一連のソフトウェアであり、エクスプロイトキットとも呼ばれる。攻撃者はツールキットを使うことで、高度な技能を持つ攻撃者と同様のアプリケーションを作成、デバッグ、メンテナンスすることができる。ツールキットは、リモートアクセスツール（RAT）、マルウェアといった攻撃ツールを組み合わせることが可能である。RATは、攻撃者が遠隔地から標的のコンピュータシステムに接続し、制御するために使用される。例えば、これまで利用されたRATにはDarkCometやPoison Ivyといったものがある。これらはいずれもWindowsで動作するRATであり、多くの調査が行われた。そのうちのひとつのPoison Ivyは、キーボード入力の捕捉、スクリーンキャプチャ、ビデオキャプチャ、ファイル転送、パスワード窃取、システム管理、トラフィック中継等の機能を備えていた[234]。このRATを使った攻撃の一つにはmenuPassという、中国が発信源で米国の防衛産業を標的とした攻撃キャンペーンがあった。

その他の代表的なツールの一つは、Cobalt Strikeである。Cobalt Strikeはサイバー演習用のシミュレーションに利用されてきたソフトウェアであったが、ソースコードがインターネット上で漏洩したことから、その構成部品が犯罪集団や国家といった幅広い攻撃者に利用されるようになった。2020年には、米国政府機関での情報漏洩につながったSolarWindsのインシデントでも悪用されている。

攻撃者は、先に述べたとおり、カスタムツールよりも既知のツールを使用することを選択する。これは、既知のツールの方が検出されにくく、リソースを効率的に使用できるためである。また、攻撃

234　FireEye, "Poison Ivy Malware Analysis," 2014（https://www.mandiant.com/sites/default/files/2021-09/rpt-poison-ivy.pdf）

者は標的のコンピュータにインストールされたアプリケーションや
プログラム等を再構成して悪用するLiving Off The Land（環境寄生）
という手法をとることもある。この手法は、攻撃前から存在してい
た正規プログラムを利用するため検知が難しく、隠密性の高い効率
的な攻撃が可能である。2024年に米国政府が対処したVolt Typhoon
も、ローカルシステムから認証情報を窃取し、アーカイブにして外
部に送信、アクセス手段を保持し続けることをこの手法で行ってい
た[235]。

▶ ④攻撃の制御と準備のためのインフラ

　攻撃インフラストラクチャは、サイバー攻撃を成功させるために
必要な処理、攻撃内容の構成、リソースをまとめたものを指す。サ
イバー攻撃で必要になるインフラストラクチャは、さらに制御イン
フラストラクチャ（制御インフラ）と準備インフラストラクチャ
（準備インフラ）に分類できる。防御側は、これらに対する理解を
持った上で攻撃の兆候を捉えることが重要である。

　制御インフラは、攻撃の一部として使用されるインフラストラク
チャである。これには、フィッシングサイトのドメイン名、漏洩し
たメールアドレス、ボットネット、ボットを管理するC2サーバなど
が含まれる。制御インフラは、侵害されたシステムと通信し、マル
ウェアの更新やデータの外部への転送などを行うためにも使用され
る。また、フィッシングサイトのドメイン名も制御インフラの一部
であり、攻撃者が標的に対してフィッシング攻撃を行う際に使用す

235　Microsoft, "Microsoft has uncovered stealthy and targeted malicious activity focused on post-compromise credential access and network system discovery aimed at critical infrastructure organizations in the United States," May 25, 2023（https://www.microsoft.com/en-us/security/security-insider/emerging-threats/volt-typhoon-targets-us-critical-infrastructure-with-living-off-the-land-techniques）

る、偽のウェブサイトのドメイン名が相当する。さらに、流出した
メールアドレスも、新たにボットとなるコンピュータを獲得する目
的での攻撃に使用されることがある。これらを攻撃の目的に合うよ
う組み合わせて、攻撃者は制御インフラを運用する。また、攻撃側
はC2サーバのIPアドレスやドメインといった制御インフラを使い回
すことがあり、防御側が攻撃を分析する際のアクターを特定する手
がかりにもなる。

　攻撃者は、制御インフラを自前で用意することもあれば、他者か
ら借りたり、買ったりすることもできる。例えば、ダークウェブ上
で、DDoS攻撃を仕掛けるためのボットネットを提供するサービス
は、サービス内容に応じて1日あたり20ドルから1カ月あたり1万ド
ルで取引されている[236]。このサービスにはオプションで、DDoS保
護、コンピュータを操作しているのが人間かプログラムかを判別す
るCAPTCHA、被害者側のJavaScript検証などが攻撃内容に応じて選
択できるようになっていた。実際、国家が支援する脅威アクターが
攻撃に投じる資金も、作戦の規模に応じて大きくなる。ロシア連邦
軍参謀本部情報総局の支援を受けるFancy Bearは、2016年の米全国民
主党委員会に対する攻撃で9万5,000ドルの資金を投じたといわれて
いる[237]。

　準備インフラは、サイバー攻撃の準備態勢を整えるために利用さ
れる。具体的には、標的のマッピングに使用されるデータベース、
攻撃ツールのテスト環境、訓練施設などがある。準備インフラは制
御インフラと異なり、将来の作戦に向けて長期的に維持するもので
ある。例えば、2013年にスノーデン（Edward Snowden）によって暴

236　Kaspersky, "Overview of IoT threats in 2023," September 21, 2023（https://securelist.com/iot-threat-report-2023/110644/）
237　US District Court for the District of Columbia, "US v Viktor Borisovich Netyksho, et al - Indictment," National Security Archive, July 13, 2018（https://nsarchive.gwu.edu/document/16702-indictment）

露された情報によれば、米国はインターネット上のデバイスを捕捉するシステムを開発していたといわれている[238]。このシステムはTREASURE MAPと呼ばれており、インターネット上のあらゆるデバイスの場所を、論理的、物理的、地理的に捕捉することを目的としていた。また、英国もKARMA POLICEという、インターネット上で観測可能なすべての利用者の行動を記録するデータベースを2008年から開発しているとの報道もある[239]。

　技術的な観点からみれば、これらは商業的にも活用されている技術の延長線上にあるといえる。例えば、獲得した情報に対して、関連する地理座標を提供するジオコーディングや、Webブラウザの設定やプラグインを読み取ることで相手を特定するブラウザフィンガープリンティングといった技術によって実現可能な内容である。

　しかし、攻撃の準備インフラとしてみたときには、位置や利用者の特定にとどまらず、脆弱性対策の状況や重要度の高いシステムに関連したユーザかどうかを分析できるデータベースになる。そのため、攻撃者にとっては貴重な情報源となり、商業的に活用されている技術とは違った観点での有用性がある。

　さらに、近年では制御インフラの確保のために、インターネット上にある正規のサービスを悪用するLiving Off The Services（LOTS）という手法を採用するものもある。この戦術の根底にあるのは、既存のサービスの信頼性を悪用することである。すなわち、個人や組織に広く信頼されているグーグルやマイクロソフトが提供するプラットフォームを利用することで、これらのサービスの信頼性を利用し

238　NSA/CSS Threat Operations Center, "TREASURE MAP: Bad guys are everywhere, good guys are somewhere!, undated. TS//SI//REL TO USA, FVEY," National Security Archive（https://nsarchive.gwu.edu/document/22626-document-01-nsa-css-threat-operations-center）

239　Ryan Gallagher, "From Radio to Porn, GCHQ Spies Track Web Users' Online Identities," September 25, 2015（https://theintercept.com/2015/09/25/gchq-radio-porn-spies-track-web-users-online-identities/）

192 | 第4章　枠組みを捉える

て悪用の意図を隠しつつ、攻撃行為を行うことができる。この手法は攻撃者の活動を隠蔽するだけでなく、被害者側が攻撃を検出することと、その被害の緩和が難しくなるという特徴を持っている。

　例えば、インターネット上でソースコードやその変更履歴を共有・管理できるサービスを提供するGitHubも、LOTSの一つとして悪用されている[240]。その背景には、多くの企業ではGitHubがソフトウェア開発に欠かせないものとなっており、企業ネットワークからGitHubへのアクセスを許可していることがある。具体的には、攻撃者はGitHubを、ペイロードの転送、C2インフラストラクチャに関する情報の共有手段、または情報を窃取する手段として悪用することで攻撃インフラにしている。

▶ ⑤効果的なサイバー攻撃を実現する組織構造

　サイバー攻撃能力を効果的に運用するためには、分業体制を組織して、異なる組織間または組織内のプロセスを整備することが必要である。例えば、サイバー攻撃を実施する組織の場合、標的選定や諜報活動を行う情報機関との連携が必要となる。先にも述べたとおり、サイバー攻撃は実行前に、マルウェアの開発や標的の選定、攻撃インフラの整備などの段階を経る。また、戦略目標と攻撃の効果を検証する作業も必要であるため、攻撃は組織的なものとなっている。

　そこで前述のスミーツは、情報機関と軍事組織の間の緊密な統合が重要であると指摘している。なぜなら、リソースの効率的な配分、インテリジェンスの共有、作戦の重複を避けることが可能になるからだ。これは、米国において米サイバー軍の司令官とNSAの長

240　Inskit Group, "Flying Under the Radar: Abusing GitHub for Malicious Infrastructure | Recorded Future," January 11, 2024（https://www.recordedfuture.com/research/flying-under-the-radar-abusing-github-malicious-infrastructure）

官を同一人物が担っていることからもわかる。米サイバー軍は設立以来、NSA長官を司令官に置くことでNSAの人員・専門知識・設備を活用しながら規模を拡大させている。これによって、米国はサイバー空間における作戦行動において迅速な意思決定ができるといわれている[241]。また、サイバー空間の特性上、攻撃と防御の関係が通常兵器や核兵器による戦略環境とも違うという事情から合理性を持っているともいえる。

　ただし、米国の方式は、他国にそのまま適用できるものではないとの指摘もある。なぜなら、米サイバー軍とNSAは元来軍事組織であり、サイバー軍が歴史的な経緯によってNSAから派生した組織であるため、この方式がうまくいっているのだとの指摘もある[242]。

　組織間の統合の手段には、人事交流や合同訓練といった手段もある。情報機関で分析を担当する人物が軍に異動することで、お互いの行動を理解したり、必要な情報を共有したりできるからだ。また、合同訓練は、同じ訓練プログラムを受けることで、能力の平準化を図ることができる。

　これらの組織間の統合を行うことで、各組織は人員、ツール、または作戦の要素を効率的に運用することが可能となる。人員の統合は、より規模の大きい分業体制を組むことを可能とし、それぞれの専門性に合致した作業を複雑に組み合わせることが可能となる。また、ツールの統合は、開発したプログラムやインフラを共有することを意味し、組織ごとに行っていた分析や開発作業を効率化することができる。そして、作戦の効率的な運用という観点からみれば、

241　Mark Pomerleau, "Key lawmakers in favor of keeping 'dual hat' arrangement between Cybercom and NSA," Defensescoop, November 17, 2022（https://defensescoop.com/2022/11/17/two-key-lawmakers-in-favor-of-keeping-dual-hat-arrangement-between-cybercom-and-nsa/）

242　Robert M. Chesney, "Adapting to the Cyber Domain: Comparing US and UK Institutional, Legal, and Policy Innovations," The United States' Defend Forward Cyber Strategy: A Comprehensive Legal Assessment, p.331, Oxford University Press, 2022

他組織が行った脅威分析結果をふまえた防御策や対抗策の検討など
が可能となる。例えば、アプリケーションレベルでの対抗策では不
十分な防護策を、ネットワークレベルでの対抗策で補うことや、諜
報機関が確認したシステム内の脆弱性を悪用するアクターの情報
を、法執行機関に引き継ぐといったこともできる。攻撃側の視点に
立てば、相手方に侵入するための方法を見つけた組織が、別組織に
その方法を引き継ぐといったこともある。

　また、組織内の人々が効果的に協力するためには、意思疎通を促
す組織内プロセスを確立する必要がある。これは、多くの民間企業
と同様に標準作業手順や、意思決定プロセス、情報共有メカニズム
の構築などを通じて実現するものである。

　組織間の緊密な統合の有効性は、経営学の組織学習の観点からも
理解することができる。安藤史江は、知識の獲得、知識の移転、情
報の解釈、組織の記憶の4つのサブプロセスのサイクルとして、組織
学習のプロセスを定式化した[243]。この定式化では、組織が知識を学
習する際には、知識を獲得するだけでなく、その正当性を認定し、
記憶していく一連の流れを経ることを示している。

　これをサイバー空間での分析や作戦を担当する組織に当てはめて
考えれば、知識の獲得とは、組織が新たな攻撃手法、脆弱性情報、
標的システムの詳細などを内外から収集することであり、これが分
析や作戦能力向上の起点となる。獲得された知識は、適切なタイミ
ングで組織内の異なる部門（例えば、エクスプロイト開発チームや
作戦担当）に分配される。これが知識の移転である（図11）。

243　安藤史江『コア・テキスト組織学習』2019年、pp. 34-35、新世社

図11 組織学習のプロセスとサイバー空間における作戦

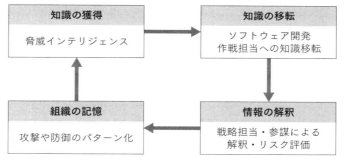

出所：『コア・テキスト組織学習』をもとに作成

　知識の獲得後、組織内で移転された知識は、作戦の目的や技術的実現可能性、リスク評価などの観点から、組織にとって有効かどうか、実行可能かどうか、戦略的意義があるかどうかの判断、すなわち情報の解釈を行う。そうして組織として有用性が認められた知識が組織の記憶として保存される。組織の有用性が認められた記憶が実際の分析や作戦で使用される過程で、サイバー攻撃のパターンや手順が蓄積していく。

　これが、サイバー分野の組織学習と進化の基本サイクルとなる。このプロセスを通じて、組織は常に新しい攻撃手法に関する知見を蓄積し、既存の手法を改良することで、より効果的な作戦を実行する能力を向上させていく。

▶ ⑥安定性・効率化と創造性のジレンマ

　一方で、スミーツは、諜報や作戦を担当するサイバー組織の統合におけるジレンマについても指摘している。そのジレンマとは、作業の効率化などのために標準作業手順を確立することで予見可能性の高い組織構造を構築することと、活動における柔軟性を確保・維持することの両立が難しいことである。

標準作業手順を確立するメリットは、先の組織学習のプロセスを安定化・効率化できることにある。ただし、サイバー空間での活動は、相手側の行動や技術の変化もあるため、多くの不確実性要素がある。そのため、作戦担当者が標準作業手順に定められたルーチンから逸脱し、相手側の行動に適応できる環境も確保しなければならない。例えば、ゼロデイ脆弱性を利用してシステムへの侵入を試みる攻撃者に対する対抗策を事前に立てることは難しい。なぜなら攻撃者は、防御側が事前に想定したシナリオ以外の方法で侵入しようとしてくるからだ。そこで防御側は、システムの振る舞いを異なる観点や粒度から監視することで早期に侵入を検知したり、攻撃側を欺いたりすることで、従来とは異なる対策をすることができるような自由度も必要としている。

このジレンマを解決することは簡単ではない。例えば、リスクを冒して新規事業開発をした者が報酬を得るといった民間での仕組みは、政府機関にそのまま適用することはできない。軍のサイバー関連組織は、リスクを回避し、慎重である必要もあるためである。また、個人の自主性を認めることも、サイバー作戦においては単純ではない。なぜなら、国家の責任が伴う行為には結果だけでなく、どのように実施するかも同様に重要だからである。例えば、サイバー空間における能力開発には、倫理的および法的な問題をクリアする必要がある。具体的には、国際法や武力紛争法で規定された条件をクリアできるかどうかは、サイバー作戦をどのように実施するかにおいて非常に重要な課題となっている。例を挙げると、NATOのサイバー防衛協力センターは、サイバー作戦と国際法に関する事例集であるCyber Law Toolkit を公開している。この事例集は、サイバー空間における国際法の適用可能性を採る目的として、チェコ国家サイバー情報セキュリティ庁（NUKIB）、赤十字国際委員会（ICRC）、NATOサイバー防衛協力センター、英国エクセター大学、米国海軍

大学、中国武漢大学が作成したものであり、選挙妨害や重要インフラへの攻撃など29の仮想シナリオから構成されている。各シナリオでは、現実に起きた事例をもとにしたインシデントの説明と、専門家が法的側面を分析した結果を公開している。

さらに、サイバー攻撃の性質上、意図しない結果や予期せぬエスカレーションのリスクが常に存在する。例えば、攻撃側は通常兵器や核兵器による戦略環境の一部としてサイバー攻撃を行っているのか、それともサイバー空間での搾取を目的としているのかによって、エスカレーションの選択肢は異なる。また、防御側にとっても、サイバー攻撃の戦略的目標が何かを瞬時に見分けることは難しい。そのため、攻撃する側にとっては慎重な計画立案と、潜在的な二次的・三次的影響の綿密な分析を行う体制を整備する必要があり、防御側にとっては相手方の意図の分析や対抗策の正当性を担保する能力や体制が必要である。

これらの要素を効果的に組み合わせることで、強力なサイバー攻撃能力や防御能力を構築することができる。しかし、この能力の開発と維持には、継続的な投資、訓練、適応が必要である。技術の急速な進歩や変化する攻撃手法に対応するため、常に自らの能力を評価し、改善する必要がある。

最後に、サイバー攻撃対処能力の効果的な運用には、継続的な訓練と能力開発が不可欠である。これには、現実的なシミュレーション環境でのサイバー演習の実施や、最新の攻撃技術と防御手法に関する継続的な教育が含まれる。サイバーレンジの設立と維持は、この目的のための重要な基盤といえる。

第 5 章

日本の転換

Japan's Active Cyber Defense

A New Direction for National Security Strategy

この章について

●この章では日本のサイバー政策の経緯を分析する。日本のサイバー政策は、2000年代の情報セキュリティの時代から、2013年の国家安全保障戦略を経て、安全保障上の課題として認識されるようになった。2022年の国家安全保障戦略では、能動的サイバー防御の導入と、欧米主要国と同等以上の能力整備を目指すことが示された。

●本章は、政府が開催している能動的サイバー防御に関する有識者会議の論点を俯瞰する。この論点には、官民連携、通信情報の利用、アクセス・無害化措置に関する課題が多いが、通信の秘密や不正アクセス禁止法との関係整理、NISCの司令塔機能強化、人材育成など、多くの課題が残されている。

●また、日米同盟を基軸とした国際連携の経緯や課題を分析する。日米両国は、2019年には日米安全保障条約第5条でサイバー攻撃を武力攻撃とみなしうるとの合意に至った。今後は、同盟国・同志国との共同対処や、技術・法・政治を総合したサイバー演習の実施など、実効性のある体制整備が必要であることを指摘する。

5-1 サイバー政策をめぐる日本の試行錯誤

（1）サイバー空間の安全保障化

　本章では日本のサイバー安全保障を、サイバー空間の安全保障化、組織・予算、同盟関係から読み解く。ここでいうサイバー空間の安全保障化とは、社会の中で人々がサイバー空間の問題を、安全保障の問題としてどの程度重要視してきたかを分析する視点である。

　日本では、2000年に政府が情報セキュリティとして問題に取り組む方針を示して以降、民間の重要インフラ保護を中心としてサイバーセキュリティ対策が進んだ。その後、政府はサイバーセキュリティを安全保障の問題として取り組むようになり、サイバー空間における問題の安全保障化が進んだ。

　安全保障化とは、社会における問題が安全保障上の問題となる過程を理論化したものである。この安全保障化理論では、社会において、ある問題が政治指導者などのアクターによる言語化行為、国民などの聴衆による受容、および脅威への対応による特別措置の正当化という3つの過程を経ることにより、安全保障上の問題になると指摘する。

　実際、日本政府は2013年の国家安全保障戦略（NSS2013）において、サイバー空間の防護を、安全保障の観点から不可欠なものとして位置づけた[244]。その後、日本のサイバーセキュリティ政策は、電力、ガス、鉄道等の重要インフラの安定的な運用やサイバー空間上

の脅威からの保護に加えて、外交や防衛といった安全保障分野にも
重点を置くようになった。すなわち、2013年を起点として、サイバ
ー分野は安全保障に含めるべき課題となったといえる。

　また、政治指導者などのアクターによる言語化の観点において政
府や国会における議論を振り返ると、国会でもサイバー空間におけ
る能力に関する議論が行われている。2012年に発足した第2次安倍
晋三内閣は前述の国家安全保障戦略においてサイバー攻撃を安全保
障上の問題として言語化し、さらに内閣総理大臣のもとに置かれた
諮問機関である「安全保障の法的基盤の再構築に関する懇談会」の
報告書においても、サイバー空間における脅威が言語化されたこと
がわかる[245]。

　例えばこの報告書は、我が国を取り巻く安全保障環境の変化の項
目において「様々な主体によるサイバー攻撃が社会全体にとって大
きな脅威・リスクとなっている」と指摘している。これは、サイバ
ー攻撃を行う主体が国家による支援を受けている状況を考慮し、国
の安全保障上の脅威となっていることを反映したのだろう。

　さらに、どのような場合に自衛権発動の三要件を満たすかという
点や、外部からのサイバー攻撃に対処するための制度的な枠組みに
ついて検討が必要と指摘していた。すなわち、従前よりも効果的な
脅威への対応をとる際に、警察だけでなく自衛隊による対処が必要
となることを想定していたといえる。そのため、自衛権の発動の三
要件などの、特別措置を正当化するための課題についても認識して
いたといえる。

　それ以前にも、国会ではサイバー空間の防衛に関する質疑応答が
行われていたが、国家安全保障戦略やこの報告書の公開以降、サイ

244　内閣官房「国家安全保障戦略」2013年（https://www.cas.go.jp/jp/siryou/131217anzenhoshou/nss-j.
　　pdf）
245　官邸「『安全保障の法的基盤の再構築に関する懇談会』報告書」2014年5月15日（https://warp.da.ndl.
　　go.jp/info:ndljp/pid/12019971/www.kantei.go.jp/jp/singi/anzenhosyou2/dai7/houkoku.pdf）

バー攻撃と武力攻撃や武力行使に関する閣僚の発言が変化したことがわかる。具体的には、2014年前後でサイバー空間への脅威の認識や対処が変わっている。

具体的な発言をみると、額賀福志郎防衛庁長官は、2006年時点でサイバー分野における攻撃的な能力には手が回らなかったと述べていた[246]。また、2013年に安倍首相は、「サイバー攻撃と武力攻撃等との関係については、さまざまな議論が行われている段階であり、一概に申し上げることは困難」と発言していた[247]。このように閣僚たちの発言は、自衛権やサイバー攻撃に関する議論の必要性を認めつつも、詳細には踏み込まなかった。

2014年の懇談会の報告書発表後、防衛大臣のサイバー攻撃に関する発言は、一歩踏み込んだものになった。例えば、2015年に中谷元防衛大臣は、サイバー攻撃と集団的自衛権に関して対応可能とすることで攻撃に対処するという考えを述べた[248]。さらに2018年に小野寺五典防衛大臣は、自衛隊がサイバー空間での対処能力について一定の知識と技能を備えていることと、武力行使の三要件を満たした上でサイバー攻撃を行うことを選択肢として挙げた[249]。すなわち、サイバー空間における問題の言語化が行われたといえる。

246　国立国会図書館「第164回国会　参議院　外交防衛委員会　第5号」2006年3月28日（https://kokkai.ndl.go.jp/txt/116413950X00520060328/262）

247　国立国会図書館「第183回国会　衆議院　本会議　第9号」2013年3月4日（https://kokkai.ndl.go.jp/txt/118305254X00920130304/24）

248　中谷は「サイバー攻撃を仕掛けてくる場合に、そういった行為を行えば耐え難い損害を与えるんだということを明白に認識をさせ、そして侵略を思いとどまらせるという抑止力のためには、今までお話をしましたけれども、集団的自衛権も含めた我が国の防衛の体制をしっかりと、全て法律的に対応可能とすることによってそういった場合に備える」と述べている。国立国会図書館「第189回国会　参議院　外交防衛委員会　第10号」2015年4月23日（https://kokkai.ndl.go.jp/txt/118913950X01020150423/105）

249　小野寺は、「防衛省では、中期防衛力整備計画に基づき、武力攻撃事態等において、相手方によるサイバー空間の利用を妨げることが必要となる可能性を想定しつつ、サイバー攻撃の分析機能の強化や実戦的な訓練環境の整備等を行っており、その結果として、サイバー空間を通じた反撃にも対応し得る一定の知識、技能を得ております。また、我が国として、武力行使の三要件を満たす場合には、憲法上、自衛の措置としての武力の行使が許され、法理上は、このような武力の行使の一環として、いわゆるサイバー攻撃という手段を用いることは否定されないと考えております」と述べている。国立国会図書館「第196回国会　参議院　外交防衛委員会　第10号」2018年4月12日（https://kokkai.ndl.go.jp/txt/119613950X01020180412/91）

（2）国民の受容と、攻撃対処の必要性に対する認識向上

　聴衆による受容についてみると、2010年代からサイバー攻撃を安全保障上の脅威と考える割合が増えてきたことがわかる。外務省が2012年に行った安全保障に関する世論調査では、日本にとっての脅威として、コンピュータウイルスなどによるサイバー攻撃、生物化学兵器による攻撃を挙げた回答が全体の42.5％あった[250]。

　その後、2015年に内閣府が行ったサイバー攻撃に対する不安感に関する調査では、全体の65.0％が「不安がある」と回答した[251]。このサイバー攻撃で不安に感じることについて、「我が国の外交・防衛上の秘密が盗まれ、我が国の安全保障に支障が生じる」との回答が65.2％あった。また、「電気・ガスなどのライフラインや公共機関のサービスが停止する」との回答が46.8％あった。

　また、攻撃対処についての考え方も国民などの聴衆に浸透したことがわかる。2024年に読売新聞が行った調査によれば、調査対象者の約9割がサイバー攻撃による重要インフラへの影響を不安視しており、8割以上がサイバー攻撃被害情報の共有、通信事業者の情報の活用、攻撃元への侵入・無害化に賛成している[252]。

　サイバー空間における問題が安全保障上の問題であると受容されてきた理由としては、サイバー攻撃による影響が、情報の漏洩から重要インフラの機能停止まで幅広いものであるという認識が広がったことがある。例えば、2011年に報道されたインシデントには、衆議院や参議院への標的型攻撃によりメールや文書といった情報の漏

250　外務省「安全保障に関する世論調査　調査結果」2012年3月（https://www.mofa.go.jp/mofaj/gaiko/ah_chosa/ah_chosa.html#3）

251　内閣府「インターネット上の安全・安心に関する世論調査（平成27年7月調査）」2015年8月31日（https://survey.gov-online.go.jp/h27/h27-net/2-5.html）

252　読売新聞オンライン「『安全保障』全国世論調査　質問と回答」2024年4月8日（https://www.yomiuri.co.jp/election/yoron-chosa/20240407-OYT1T50069/）

洩があった[253]。

　また、防衛産業もサイバー攻撃の対象となっていた。例えば2011年に起こった三菱重工業へのサイバー攻撃では、情報の漏洩は確認されなかったが、攻撃者は防衛省が定める保護すべき情報へアクセスを試みていたといわれている[254]。2015年頃にはインターネットバンキング利用者を狙った攻撃やランサムウェアによる被害など、人々の金銭的被害が拡大していた。そして、2022年2月のロシアによるウクライナ侵攻においてサイバー攻撃が行われたことで、サイバー空間における問題が安全保障上の問題であるとの認識を高めたのだろう。

　以降では脅威への対応についてみることで、特別措置の正当化をみる。ここでは、日本の情報セキュリティ政策、サイバーセキュリティ政策、および安全保障政策におけるサイバー分野の位置づけを振り返る。これによって、2022年の国家安全保障戦略（NSS2022）が示すサイバー安全保障や能動的サイバー防御との連続性と新規性を明らかにしていく。

（3）重要インフラ防護に重きを置いた　　サイバーセキュリティ政策

　日本のサイバーセキュリティ戦略（CS戦略）や関連政策について、民生分野のセキュリティ強化と安全保障戦略との整合性を重視しながら発展してきた経緯を分析する。特に、CS戦略・政策の発展過程と、安全保障政策におけるサイバー分野の位置づけの変遷を分析することで、2010年代以降の国家安全保障戦略における重点化が日本のサイバー防衛能力向上を導いたことを論じる。

253　内閣サイバーセキュリティセンター「政府機関における情報セキュリティに係る年次報告（平成23年度）」2012年5月30日（https://www.nisc.go.jp/pdf/policy/general/h23_report.pdf）
254　三菱重工業「コンピューターウイルス感染に関する調査状況について（その2）」2011年10月24日（https://www.mhi.com/jp/notice/1504034_14475.html）

日本のサイバー分野における国家戦略は、国家安全保障戦略とCS戦略に基づく長期戦略、そして重要インフラ保護や年次計画等の分野別・年次政策によって構成されている。CS戦略は政府のサイバーセキュリティに関する包括的な戦略として3年ごとに更新されており、2006年の第1次情報セキュリティ基本計画に続いた情報セキュリティ戦略がその源流となっている。これらの戦略では、全政府機関を対象とした統一のセキュリティ対策基準の設定や、重要インフラ保護、企業や個人向けの施策等の目標が定められていた。また、「サイバーセキュリティ2023」等の年次政策によって戦略が規定する目標の詳述と前年の進捗評価が行われている。加えて、重要インフラの保護や研究開発に焦点を当てた分野別政策も存在する。NSS2013発出以降、日本政府は安全保障政策との整合性を図りながらCS戦略を改訂している。

　日本のサイバーセキュリティ政策は、2000年の政府機関等へのサイバー攻撃を契機として、政府機関や重要インフラの保護を念頭に置いて発展していった。その議論を主導したのは電力やエネルギー分野を所管する経済産業省や通信を所管する総務省であり、重要インフラ事業者等の民間企業も参加して議論が進められた。伊藤友里恵らによれば、この過程は欧米の軍や情報機関が主導したサイバーセキュリティ政策の成立過程とは異なるものであった[255]。その理由として、憲法上の制約や、サイバーセキュリティを安全保障上の課題として認知するのが遅かったことが指摘されている。

　2005年から2014年にかけて、日本政府はサイバーセキュリティのための制度的枠組みや戦略を策定した。この期間に政府は、基本戦略を策定する情報セキュリティ政策会議（現在のサイバーセキュリ

255　Yurie Ito, Sean Shank, Greg Rattray（2013）"Japan's Cyber Security History," In A Fierce Domain: Conflict in Cyberspace, 1986 to 2012, edited by Jason Healey. Vienna, VA: Cyber Conflict Studies Association.

ティ戦略本部）や内閣官房情報セキュリティセンター（NISC、現在の内閣サイバーセキュリティセンター）を設置し、主に経済的な基盤を守ることを念頭に置いたサイバーセキュリティ政策を推進した。

　2012年発足の第2次安倍政権以降、政府はCS戦略に安全保障面の強化を盛り込んでいった。特にNSS2013は、安全保障政策におけるサイバー分野への注力を明確化した戦略であった[256]。NSS2013は日本にとってサイバー空間の防護が不可欠であると明示するとともに、サイバー空間における防衛能力構築を本格化するきっかけとなった。また、政府は国家安全保障会議（NSC）と国家安全保障局を設置し、サイバーセキュリティ基本法でCS戦略の作成にあたってNSCから意見を聴くことやNSCと連携することを定め、安全保障の文脈でのサイバーセキュリティに関する議論を本格化する体制を構築した[257]。

　このNSCがCS戦略の形成過程に与えた変化は、従来民生分野に焦点を当てていたサイバーセキュリティを、安全保障を含むセキュリティの一環として位置づけたことを反映している。NSCが2018年のCS戦略検討時に出した意見は、新戦略に3つの柱（防御力、抑止力、および状況把握力）を盛り込み、他国とのサイバー脅威情報の共有を含む積極的なサイバー防衛を導入することであった[258]。また、2021年のCS戦略検討時にNSCは、サイバー安全保障の基本的考え方や取り組みについて提言している[259]。これらの提言はCS戦略に反映されており、NSCの意見が戦略形成の過程に影響を与えていることがわかる。

256　内閣官房「国家安全保障戦略」2013年12月17日
257　「サイバーセキュリティ基本法（平成二十六年法律第百四号）」e-GOV法令検索（https://elaws.e-gov.go.jp/document?lawid=426AC1000000104_20220617504AC0000000068）
258　内閣サイバーセキュリティセンター「サイバーセキュリティ戦略案の作成に際しての国家安全保障会議意見」2018年6月7日（https://www.nisc.go.jp/pdf/council/cs/dai18/18shiryou01.pdf）
259　内閣サイバーセキュリティセンター「サイバーセキュリティ戦略の策定に際しての国家安全保障会議意見」2021年9月24日（https://www.nisc.go.jp/pdf/council/cs/dai31/31shiryou01.pdf）

2010年代後半に日本政府は、経済基盤の保護に加えて、安全保障を含むセキュリティ強化の一環としてサイバー分野強化の方針を明確化している。2015年のCS戦略では、防衛省による相手方のサイバー空間の利用を妨げる能力に言及し、サイバー防衛の強化方針を示した。さらに、2018年のCS戦略では、防衛、抑止、状況認識のための能力を強化する意向を表明し、安全保障の文脈でサイバー分野の抑止力の概念に初めて言及した戦略となった。そのため、NSS2022が示した能動的サイバー防御は、2015年以降のCS戦略や検討時のNSCによる意見の延長線上にあるものと評価できる。

（4）情報基盤強化・米国との連携から始まった　　サイバー防衛

日本の安全保障政策におけるサイバー分野の変化は、防衛省・自衛隊の防護対象・方針の変化からわかる。NSS2013をきっかけとして、日本政府は防衛省・自衛隊の活動目的や範囲を、自身の通信ネットワーク防護から民間企業が運用する重要インフラを含む広い範囲のシステム防護に方針転換した。さらに、防衛大綱の記述も、防衛省・自衛隊の防御を中心とした考え方から、領域横断作戦能力やサイバー空間の利用を妨げる能力に変化している。なかでも、2013年末に発表された中期防衛力整備計画（26中期防）は、相手方によるサイバー空間の利用を妨げる能力に初めて言及した文書である。妨げる能力は、その後の安全保障戦略や防衛大綱においても言及され、2010年代中頃に能動的サイバー防御に向けた検討が本格化したことを示している。

2000年代の防衛庁の政策文書は、防衛庁・自衛隊が情報基盤の強化の一環としての情報セキュリティや米国との連携・相互運用性強化に重点を置き、サイバー空間上の脅威から自身を守る能力の強化に注力していたことを示している。2000年に防衛庁が公開した「防

衛庁・自衛隊における情報通信技術革命への対応に係る総合的施策の推進要綱」（以下、推進要綱）は、最初のサイバー防衛に関する基本方針である[260]。この推進要綱はネットワーク環境、情報・指揮統制機能の強化、情報セキュリティの3つの柱を挙げ、防衛省・自衛隊が利用する通信ネットワークである防衛情報基盤（DII）、サイバー攻撃対処組織の構築、および米国との相互運用性強化の方針を示した。

　しかしながら、この中には能動的サイバー防御のような相手側への働きかけを行う能力の記述はない。このことについて、先にも述べたとおり額賀防衛庁長官は、2006年時点でサイバー分野における攻撃的な能力には手が回らなかったと認識していた[261]。

　2010年以降の大綱・中期防は、サイバー領域に関する記述を徐々に増やし、その重点を防衛省・自衛隊のシステムやネットワークを守ることに加えて、サイバー攻撃を防止するための能力にも置いている。2010年の防衛大綱（22大綱）は、サイバー攻撃への対応について、自衛隊の情報システムの防衛に焦点を当てた簡潔な記述にとどまっていた[262]。防衛白書において周辺国の状況に関するサイバー分野の記載が増え始めていたことをふまえれば、防衛省・自衛隊はサイバー領域の重要性を認識しつつも、日本政府としての明確な方針決定には至っていなかったのだろう。

（5）周辺環境に対する認識の変化

　日本政府はサイバー空間をめぐる安全保障環境について、どう認

260　防衛庁「防衛庁・自衛隊における情報通信技術革命への対応に係る総合的施策の推進要綱」2000年12月（https://dl.ndl.go.jp/view/download/digidepo_1283416poyoukou.pdf?contentNo＝1&alternativeNo＝）
261　国立国会図書館「第164回国会　参議院　外交防衛委員会　第5号」2006年3月28日（https://kokkai.ndl.go.jp/txt/116413950X00520060328/262）
262　官邸「平成23年度以降に係る防衛計画の大綱について」2010年12月17日（https://www.kantei.go.jp/jp/kakugikettei/2010/1217boueitaikou.pdf）

識していたのか。例えば、防衛白書は日本を取り巻く安全保障環境の章にサイバー分野に関する項目を新設し、サイバー領域の重要性について記載していた。

　日本政府におけるサイバー防衛への意識は、当初コンピュータとネットワークの保護を中心に発展してきたが、サイバー攻撃を明確な脅威として位置づけたのは2010年代に入ってからである。この認識の転換は、2000年代に発生した海外の紛争におけるサイバー攻撃の活用事例を契機とし、2010年代には周辺国のサイバー空間における能力強化を安全保障上の重要な脅威として捉えるようになった。

　防衛白書の変遷をみると、平成22（2010）年版では初めて安全保障環境の章にサイバー戦に関する項目を設け、その認識を対外的に示した[263]。具体的には、2006年のレバノン戦争時のイスラエルへのサイバー攻撃や、2008年のロシアによるジョージアへの攻撃、さらには米韓防衛当局の通信網への攻撃などを例示し、防衛分野におけるサイバー領域の重要性を強調した。また、米国の国防レビューにおけるサイバー能力強化方針や、サイバー軍の設立、NATOのサイバー防衛に関する取り組みなど、同盟国の動向にも注目している。

　平成25（2013）年版防衛白書では、2011年9月に発生した三菱重工業へのサイバー攻撃を取り上げ、日本の防衛産業が具体的な攻撃対象となっているという認識を示した。この事案は、防衛省のサプライチェーンにおけるセキュリティリスクへの警戒を強め、サイバーディフェンス連携協議会の設置や、2023年の防衛産業サイバーセキュリティ基準の整備につながっている。また、2012年9月の尖閣諸島国有化に関する閣議決定後、裁判所や政府機関、大学などへのサイバー攻撃が発生し、これが日本に対する直接的な脅威として認

263　防衛省「サイバー戦をめぐる動向」平成22年版防衛白書、2010年9月10日（http://www.clearing.mod.go.jp/hakusho_data/2010/2010/html/m1131000.html）；防衛省「サイバー空間における脅威の動向」平成25年版防衛白書、2013年7月22日（http://www.clearing.mod.go.jp/hakusho_data/2013/2013/html/n1212000.html）

識されることとなった。

2013年以降、防衛白書におけるサイバー領域の記述は量的に増加するとともに、中国、ロシア、北朝鮮といった近隣諸国からの脅威をより明確に指摘するようになっている。この認識の変化は、国家安全保障戦略や防衛大綱にも反映され、2013年および2018年の防衛大綱では、サイバー領域を国家と国民の安全に重大な影響を及ぼす分野として位置づけている。最新の令和6（2024）年版防衛白書においても、サイバー分野に関する記述は一層充実し、周辺国の動向を分析している[264]。

（6）戦略文書におけるサイバー防衛の重点化

日本の安全保障政策に関する主要文書は、国家安全保障戦略、国家防衛戦略（National Defense Strategy：NDS）、防衛力整備計画（Defense Buildup Program：DBP）である。日本政府は、1957年の国防の基本方針に代わるものとして、NSS2013を策定した。NSS2013は、サイバー領域の重要性に言及した最初の国家安全保障戦略であり、日本のサイバー分野における能力開発の方針を、サイバー空間の防衛とサイバー攻撃への対応能力の強化に向けたものであった。また、日米間の安全保障・防衛協力においてサイバー分野の協力方針を明示することで、サイバー空間でも日米同盟を基軸とする方針を示した。

NDSとその前身の防衛計画の大綱（防衛大綱、National Defense Program Guideline：NDPG）は、発行から10年間を対象とした防衛体制のグランドデザインを示している。また、DBPと前身の中期防衛力整備計画（中期防、Mid-Term Defense Program：MTDP）は発行から

264　防衛省「令和6年版防衛白書」2024年8月30日（http://www.clearing.mod.go.jp/hakusho_data/2024/w2024_00.html）

212 | 第 5 章　日本の転換

図 12　日本のサイバー防衛分野における戦略・政策の変遷

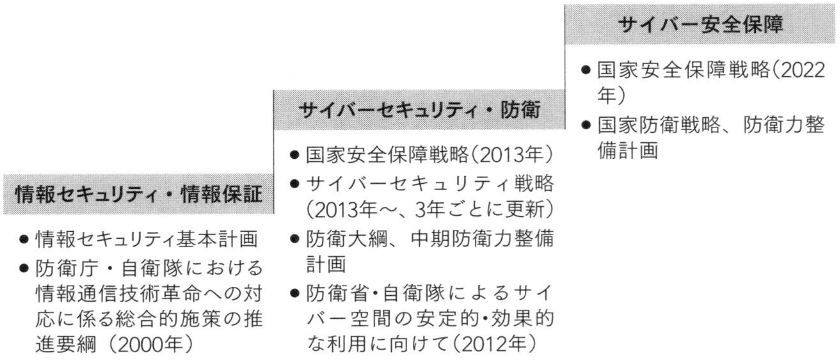

サイバー安全保障

- 国家安全保障戦略（2022年）
- 国家防衛戦略、防衛力整備計画

サイバーセキュリティ・防衛

- 国家安全保障戦略（2013年）
- サイバーセキュリティ戦略（2013年〜、3年ごとに更新）
- 防衛大綱、中期防衛力整備計画
- 防衛省・自衛隊によるサイバー空間の安定的・効果的な利用に向けて（2012年）

情報セキュリティ・情報保証

- 情報セキュリティ基本計画
- 防衛庁・自衛隊における情報通信技術革命への対応に係る総合的施策の推進要綱（2000年）

出所：各種資料から筆者作成

　5年間を対象とした、NDSで設定した目標を達成するための防衛省・自衛隊の調達リストである。これらを分析すると、各文書の期間における日本のサイバー防衛体制と、そのために必要としていた能力がわかる。

　2012年に防衛省・自衛隊はサイバー空間の利用に関する基本方針を発表する[265]。この基本方針では、サイバー防衛における基本認識と政策の方向性を示した。この文書は推進要綱で示された優先順位の高いプログラムの継続や、2014年3月末までのサイバー防衛隊設立等、具体的な取り組みを列挙した。また、この文書の中で防衛省はサイバー攻撃の特性に対する認識を示し、攻撃側の優位性や抑止の難しさを指摘していた。この認識は、後の相手方によるサイバー空間の利用を妨げる能力の検討につながった。

　2013年頃から日本のサイバー防衛に関する文書は、相手方のサイバー空間の利用を妨げる能力に関する記述を含み始める。NSS2013

265　防衛省「防衛省・自衛隊によるサイバー空間の安定的・効果的な利用に向けて」国立国会図書館、2012年9月（https://warp.ndl.go.jp/info:ndljp/pid/11281749/www.mod.go.jp/j/approach/defense/cyber/riyou/index.html）

と同時に発表された防衛大綱（25大綱）と中期防衛力整備計画（26中期防）も、サイバー領域における攻撃側の優位性を理解し、より高い能力の必要性を示していた。例えば25大綱は、防衛省・自衛隊がサイバー分野において統合的な常続監視・対処能力を強化・維持する能力の必要性を提示していた。また、26中期防は、「攻撃側が圧倒的に優位であるサイバー空間での対処能力を確保するため、相手方によるサイバー空間の利用を妨げる能力の保有の可能性についても視野に入れる」と記述し、政府が妨げる能力の検討を行っていたことがわかる[266]。

2018年12月に発表された防衛大綱（30大綱）と中期防衛力整備計画（31中期防）は、多次元統合防衛力や領域横断作戦に向けて、サイバー領域を重要領域の1つとして位置づけ、25大綱よりもサイバー領域を重点化した[267]。また、防護対象に民間重要インフラを含める「電力、通信といった国民生活に重要なインフラや、サイバー空間を守るための施策を進める」との記述があり、従来防衛省・自衛隊のシステムに限っていた防護対象を拡大したことがわかる。

さらに、30大綱はサイバー防衛の強化として、攻撃に用いられる相手方のサイバー空間の利用を妨げる能力を整備する方針を示した。これは26中期防における検討の結果、武力攻撃を行った者に対して、日本がサイバー空間を通じた対処を自衛権の行使として実施することを反映している。30大綱発表後、鈴木敦夫防衛省整備計画局長は、自衛隊がこれらを実現できる能力を得たと述べており、26中期防における検討が妨げる能力の整備の端緒となったことがわかる[268]。

266　内閣官房「中期防衛力整備計画（平成26年度〜平成30年度）について」2013年12月17日（https://www.cas.go.jp/jp/gaiyou/jimu/keikakusuii/suii_5.pdf）

267　内閣官房「平成31年度以降に係る防衛計画の大綱について」2018年12月18日（https://www.cas.go.jp/jp/siryou/pdf/h31boueikeikaku.pdf）内閣官房「中期防衛力整備計画（平成31年度〜平成35年度）について」2018年12月18日（https://www.cas.go.jp/jp/siryou/pdf/h3135cyuukiboueiryoku.pdf）

さらに、2022年の国家安全保障戦略、国家防衛戦略、及び防衛力整備計画は、サイバー分野を防衛力の抜本的強化を補完する取り組みの中核をなすものと位置づけた[269]。また国家防衛戦略は、NSS2022が示した能動的サイバー防御をふまえ、武力攻撃に至らなくても脅威を未然に排除するための幅広いサイバー分野の強化を掲げている。

能動的サイバー防御の取り組みには、民間事業者との連携、防衛省・自衛隊以外への支援、日米同盟を強化するためのベースラインの底上げと役割分担がある。これらの項目は、サイバー領域での同盟国、関係省庁、または民間事業者の間における連携が、日本の防衛分野におけるサイバーセキュリティ強化に必要であることを示している。例えば、統合運用環境において状況認識を提供する戦術データ・リンクで利用する通信機器は、日米間での互換性だけでなくセキュリティが欠かせない。そのため、防衛産業のサプライチェーンにおける国際水準の考慮や共同対処基盤の強化といった文脈でのサイバーセキュリティ強化は、日米共同による領域横断作戦を実施するにあたっても重要である。

また、NSS2022がサイバーセキュリティからサイバー安全保障分野へと呼称を変えたことと、対応能力を欧米主要国と同等以上にするとの記述から、サイバー分野の取り組みが従来の取り組みの延長線上にとどまらないことを示している。能動的サイバー防御として、武力攻撃に至らないサイバー空間上の脅威を未然に排除することを掲げたことは、相手方による攻撃後だけでなく、被害が顕在化する

268　鈴木は「防衛省・自衛隊といたしましては、これまでも、マルウエアの解析ですとか実践的演習、いわゆるサイバーレンジと言われるものでございますけれども、こうしたものの構築等によって、相手方によるサイバー空間の利用を妨げる能力にも応用し得る一定の能力を得てきている」と述べている。国立国会図書館「第201回国会　衆議院　安全保障委員会　第4号」2020年4月7日（https://kokkai.ndl.go.jp/simple/detail?minId＝120103815X00420200407&spkNum＝86#s86）

269　渡辺公徳「新たな国家安全保障戦略等の策定と令和5年度防衛関係予算について」ファイナンス、2023年4月（https://www.mof.go.jp/public_relations/finance/202304/202304f.pdf）

前の平時の段階で対処する方針を示したといえる。

　以上より、サイバー空間における問題が、総理大臣や閣僚により言語化され、2010年代以降に国民などの聴衆による受容が起こったことがわかった。さらに、防護対象の拡大や能動的サイバー防御の採用といった過程を経ることにより、サイバー空間における問題が安全保障上の問題になったといえる。

5-2 日米同盟とサイバー防衛における国際連携

（1）情報保障と技術・経験の導入

　サイバーセキュリティにおける日本の国際協力は、この20年間で大きく進化してきた。特に日米同盟を軸とした取り組みは、時代とともにその範囲と深さを変化させている（図13）。これまで日本は、日米同盟を基軸とした安全保障体制に基づき、米国とサイバー領域における防衛を含む様々な領域で協力を進めてきた。また、能力構築（キャパシティビルディング）として人材育成や情報共有、重要インフラ防護等の体制構築を推進し、米国以外の同志国との新たな協力関係も構築してきた。

　この変遷を分析することで、2019年の日米安全保障協議委員会（日米「2＋2」、SCC）における、サイバー攻撃を日米安全保障条約第5条のいう武力攻撃とみなしうるとの結論に至るまでの過程における変化が明らかになる。さらに、この期間の米国以外との協力関係の変化も、二国間・多国間の対話や多国間演習への参加を通じて、サイバー防衛における協力相手の多様化として表れている。

2000年代の日本のサイバー領域における防衛に関する主な協力相手は米国であり、米国からの要求が日本のサイバー防衛の形成に大きな影響を与えていた。具体的には、2000年の日米防衛首脳会談の合意に基づき設立された日米ITフォーラムを通じて、ネットワークの構築や技術・経験の導入による相互運用性の向上が図られた。防衛庁は米国のシステムを参考にしながら、日本の専守防衛の立場とバランスをとりつつ、サイバー防衛能力を強化していった。実際に、防衛省・自衛隊の情報システムは米国防総省・米軍のシステムを模倣し、情報共有、情報優位、統合運用など、日米のコンセプトや目標が類似しているこが指摘されている[270]。

　2000年代は相互運用性の向上に向けて、日本政府が情報保証の重要性を認識した時期である。米国は情報通信技術の積極的な導入に

図13　日米同盟におけるサイバー分野の変遷

出所：筆者作成

270　宮岡勲「軍事技術の同盟国への拡散——英国と日本による米軍の統合情報システムの模倣」国際政治、第179号、2015年2月、pp. 69-82

よる軍事における革命（Revolution in Military Affairs：RMA）を起こした。その結果、米国はこの技術革新により他国と比較して優位な立場を築くことができた。ナイ（Joseph S. Nye）らは、このRMAに関して、米国が情報の優位性を同盟国との関係に活用する重要性を指摘していた[271]。また、ナイらは、米国の核優位性が連合国のリーダーシップの鍵であったのと同様に、情報優位性が情報化時代における鍵になると予測していた。確かに、日米の関係において、個別の装備品への情報通信技術の導入や情報共有が進んだ。

　一方、米国は日本との相互運用性を高めるにあたり、その優位性を失わないよう日本に高いレベルの情報保証を要求したと考えられる。実際、日米間では情報保証に関する取り決めが行われており、2006年には情報保証とコンピュータネットワーク防護に関する取り決め、2007年には日米軍事情報包括保護協定が締結された[272]。同年の日米安全保障協議委員会では、弾道ミサイル防衛の一環として、関連する情報のリアルタイムでの相互共有も協議されており、包括的な情報共有に向けて情報保証が必要とされた。すなわち、2000年代の日本のサイバー領域における焦点が、情報をどう守るかにあった時期である。

（2）サイバー空間上の脅威対処への移行

　2010年代は、日米同盟のサイバー分野における焦点が、情報保証からサイバー空間上の脅威への対処に移った時期である。2011年の

271　Joseph S. Nye Jr., William A. Owens, "America's Information Edge," Foreign Affairs（https://www.foreignaffairs.com/articles/united-states/1996-03-01/americas-information-edge）

272　外務省「秘密軍事情報の保護のための秘密保持の措置に関する日本国政府とアメリカ合衆国政府との間の協定」2007年8月10日（https://www.mofa.go.jp/mofaj/area/usa/hosho/kyotei_0708.html）；外務省「日本国とアメリカ合衆国との間の相互防衛援助協定に基づく情報の保証及びコンピュータ・ネットワークの防衛に係る協力に関する交換公文」2006年4月18日（https://www.mofa.go.jp/mofaj/gaiko/treaty/pdfs/A-H18-0134.pdf）

日米安全保障協議委員会の共同声明では、初めてサイバー空間の脅威に言及し、新たな対処方法の検討が宣言された[273]。これは、日米の協力体制における議題が、情報保証からサイバー防衛における協力へと移行することを意味していた。

その後、2013年から2018年の間には、日米間で実務者協議が複数回実施され、サイバー防衛における協力体制が議論された。その結果は防衛協力のガイドライン改訂に反映され、役割と任務の明確化が進められた。2013年2月には日米サイバー対話が開始され、5月には両国のサイバー関連機関が参加する初の対話が実現した[274]。この会合には、外務・防衛当局だけでなく警察庁、総務省、および経済産業省が参加しており、政府横断でのサイバー分野における協力が議題として挙がっていた。2013年の会合では、日米両政府は自衛隊と米軍のサイバー能力と相互運用性の向上を目指し、サイバー防衛政策作業部会（CDPWG）を設置することに合意した[275]。

2015年の日米防衛協力の指針改訂は、平時から有事にわたるサイバー分野での協力を明確化した画期的な出来事である[276]。この指針では、ネットワーク監視体制の維持、知見共有、教育交流、任務保証の達成、二国間演習など、具体的な協力事項が明示された。特に重要なのは、日本の重要インフラへのサイバー攻撃に対する米国からの支援が明記されたことである。この指針以降、民間重要インフラの防護における日米協力が本格化し、防衛省・自衛隊の任務遂行に関わる民間インフラに向けたサイバー攻撃への対応についても検

273　外務省「日米安全保障協議委員会共同発表　より深化し，拡大する日米同盟に向けて：50年間のパートナーシップの基盤の上に」2011年6月21日（https://www.mofa.go.jp/mofaj/area/usa/hosho/pdfs/joint1106_01.pdf）

274　外務省「日米サイバー対話　共同声明（仮訳）」2013年5月10日（https://www.mofa.go.jp/mofaj/area/page24_000009.html）

275　外務省「日米安全保障協議委員会（「2+2」）共同発表〈より力強い同盟とより大きな責任の共有に向けて〉（概要）」2013年10月3日（https://www.mofa.go.jp/mofaj/files/000016026.pdf）

276　外務省「日米防衛協力のための指針」2015年4月27日（https://www.mofa.go.jp/mofaj/files/000078187.pdf）

討が行われたと考えられる。

2015年から2018年にかけて、日本政府はサイバー分野における自主的な防衛力強化の検討を進めた。2015年に改訂されたサイバーセキュリティ戦略では、「国際社会の平和・安定及び我が国の安全保障」の章が追加され、相手方のサイバー空間利用を妨げる能力の調査研究が明記された。その後、防衛省による研究成果をふまえ、2018年のサイバーセキュリティ戦略では実効的な抑止のための対応が明記され、30大綱と31中期防でも、サイバー空間における能力が具体的に示された。すなわち、政府はこの期間にサイバー分野の防衛力を主体的・自主的に強化する方針を決定し、日米同盟のサイバー領域への拡大する準備を行っていたといえる。

2019年の安全保障協議委員会での合意は、日米のサイバー防衛協力における重要な転換点となった[277]。サイバー攻撃を日米安全保障条約第5条における武力攻撃とみなしうるとの合意は、日米安保条約の実効性を高める画期的な進展である。2010年以降の安全保障協議委員会を通じて、両国の協力は平時における情報共有から、有事における重要インフラ防護にまで拡大し、その目的も情報保証から安全保障体制の実効性確保へと発展した。

（3）国際協力相手の多様化

さらに近年、日本の国際協力は多様化している。外務省が行ったサイバー関連の二国間会合は、2012年6月から2023年7月までの間に、米国とは8回、英国とは7回、イスラエルとは4回、フランスとは4回となっていた。また、防衛省はNATOとのサイバー防衛協議を行い、2018年からはNATOサイバー防衛協力センターへの職員派遣を

277　外務省「日米安全保障協議委員会共同発表」2019年4月19日（https://www.mofa.go.jp/mofaj/files/000470737.pdf）

開始し、2019年からはCyber Coalition、2021年からはLocked Shieldsといった多国間演習にも参加している[278]。また、オーストラリア、ドイツ、エストニア、シンガポール、ベトナムなど、多くの国々の防衛当局との二国間協議も活発に行われている。

多国間演習への参加は、国際協力相手の多様化に加え、30大綱と31中期防において自衛隊が重要インフラを防護対象に拡大し、民間との共同対処を想定していることを反映している。例えば、NATOサイバー防衛協力センターが主催するLocked Shieldsは、重要インフラ等の情報システムに対しサイバー攻撃が行われるシナリオの中で、情報システムを防護するとともに、状況報告などを含めた総合的なサイバー攻撃への対処能力を訓練する演習である。日本は2021年から2024年までの同演習において米国、英国、およびオーストラリアと合同チームを編成して参加することで、国際連携を強化した。さらに、この演習は、内閣官房、NISC、総務省、外務省、経済産業省、警察庁、防衛省、自衛隊、および情報処理推進機構といった政府機関とJPCERT/CCや重要インフラ事業者が共同対処を訓練する機会となっている[279]。

（4）サイバー外交による国際連携強化

一方、能力構築をみると、日本が様々な文脈で国際連携を強化してきたことがわかる。2010年代前半の日本政府は、サイバー安全保障における国際協力の推進にあたって、信頼醸成措置、キャパシティビルディング、および米国との連携を軸としていた。2013年10月に発表されたサイバーセキュリティ国際連携取組方針では、情報共

---

278 防衛省「サイバー領域の利用にかかる協力」令和4年版防衛白書、2022年8月22日（https://www.mod.go.jp/j/publication/wp/wp2020/html/n33302000.html）
279 防衛省「NATOサイバー防衛協力センターによるサイバー防衛演習『ロックド・シールズ2024』への参加について」2024年4月23日（https://www.mod.go.jp/j/press/news/2024/04/23c.html）

有・犯罪対策・安全保障における事案対処、キャパシティビルディング、国際的なルール作りを重点取り組み分野として掲げた[280]。当時の推進体制は分野ごとに分かれており、総務省や経済産業省による経済協力、警察庁によるサイバー犯罪対策、外務省や国際協力機構（JICA）による能力開発や外交、防衛省による防衛当局間での情報共有などが、それぞれ独立して実施されていた。

その後、日本は「自由で開かれたインド太平洋（Free and Open Indo-Pacific：FOIP)」という概念のもとで、通信インフラ開発やサイバー空間に関連する能力構築支援を展開するようになった。この概念は、日本単体では成し遂げることが難しい、多国間連携や開放性があって信頼できるインフラの構築、および他国のサイバーセキュリティに関する能力構築を統合するコンセプトとして活用された。

2016年に安倍首相が提唱したFOIPは、3つの重要な意味を持つキーワードで構成されている。「自由で」には政治・経済・軍事における独立した決定権の尊重が込められており、「開かれた」にはサイバー空間を含む国際公共財へのアクセスの保証が示されている[281]。そして「インド太平洋」は、広範な地域的つながりを示す概念として定義されている。FOIPは具体的に、法の支配や航行の自由、自由貿易の普及・定着を第一の柱とし、経済的繁栄の追求を第二の柱、平和と安定の確保を第三の柱として構成されている。

日本のサイバー外交はこのFOIPの概念に沿って展開されており、サイバー空間における法の支配の推進、信頼醸成措置の構築、能力構築協力などの取り組みがなされている。具体的には、多国間でのサイバー犯罪対策支援、法整備と信頼醸成措置における共通認識の

280　情報セキュリティ政策会議「サイバーセキュリティ国際連携取組方針〜j-initiative for Cybersecurity〜」2013年10月2日（https://www.nisc.go.jp/pdf/policy/kihon-s/InternationalStrategyonCybersecurityCooperation_j.pdf）

281　外務省『「自由で開かれたインド太平洋（FOIP）」のための新たなプラン」2023年3月（https://www.mofa.go.jp/mofaj/files/100477659.pdf）

形成、インシデント対応能力の構築を進めている。これらの取り組みには世界的なサイバーリスクの低減という目的があり、同時に、日本国民および日本企業の海外での業務における安全確保、サイバー空間での日本の立場の明確化、さらには日本の通信インフラ開発事業の拡大という狙いも含まれている。

FOIPにおける経済的繁栄の追求の柱において、情報通信技術は質の高いインフラとして重要な役割を果たしている。例えば、日本、グアム、オーストラリアを結ぶ光海底ケーブルシステムプロジェクトは、地域内の通信事情の改善だけでなく、主要国の諸機関の連携強化に貢献している[282]。また、物理的・人的・制度的なつながりを改善する手段として、JICAによるサイバーセキュリティ分野の人材育成プロジェクトもある[283]。

サイバー外交において、能力構築は重要な手段として位置づけられており、日本は20年以上にわたってアジア太平洋地域における能力開発に携わってきた。この取り組みは、FOIPが掲げる経済繁栄の追求および平和と安定の確保という基本理念に基づいている。具体的な活動として、日本はセキュリティ専門組織による国際フォーラムであるFIRST等のCERTコミュニティにおいて、ベストプラクティスや脅威情報の共有を積極的に推進してきた[284]。このようなコミュニティを基盤としたアプローチにより、参加組織間での脅威情報やベストプラクティスの共有が進み、サイバーセキュリティ対策における集団的な対応力を強化しようとしてきた。

また、FOIPの3つの柱に基づく取り組みは、二国間および多国間

282　総務省「日本・グアム・豪州間光海底ケーブル事業への支援の概要」（https://www.soumu.go.jp/main_content/000519059.pdf）；NEC「NEC、日本・グアム・オーストラリアを結ぶ光海底ケーブル『JGA』の北セグメントの建設を完了」2020年7月6日（https://jpn.nec.com/press/202007/20200706_03.html）

283　国際協力機構「サイバーセキュリティ人材育成プロジェクト」（https://www.jica.go.jp/Resource/project/indonesia/023/index.html）；国際協力機構「サイバーセキュリティに関する能力向上プロジェクト」2021年6月18日（https://www.jica.go.jp/Resource/project/vietnam/052/news/20210618.html）

284　内閣サイバーセキュリティセンター「『国際社会の平和・安定及び我が国の安全保障への寄与』に係る取組状況について」2019年1月24日（https://www.nisc.go.jp/pdf/council/cs/dai21/21shiryou06.pdf）

の様々な会合の場で実践されている。具体的には、これらの会合の場で、開放的で自由、公正かつ安全なサイバー空間の確保に向けた取り組みを進めることを他国と確認しているほか、先に述べた国連GGEやOEWGでのサイバー規範に関する議論への参加がある。

　さらに、ASEAN地域フォーラム（ARF）での日本の活動も重要な位置を占めており、2017年にはマレーシア、シンガポールと共同で「サイバーセキュリティに関するARF会期間会合（ARF Inter-Sessional Meeting on ICTs Security：ARF-ISM）」の設立を提案した。このARF-ISMでは、信頼醸成措置について議論が行われた。信頼醸成措置に関する第5回公開研究グループにおいては、ARFのメンバーが国連GGEやOEWGを含むサイバーセキュリティに関わる国際的な議論への積極的な貢献を行う必要性が確認されており、地域的な取り組みと国際的な議論の連携が図られている[285]。

　このように日本のサイバーセキュリティにおける国際協力は、2010年代に入って本格的な発展期を迎えた。海外の専門家も、2009年以降の米国のグローバルなサイバーセキュリティ課題への対応において、日本との協力関係に新たな方向性が生まれたと評価している[286]。

285　外務省「サイバーセキュリティに関するARF会期間会合のための第5回専門家会合の開催」2020年1月16日（https://www.mofa.go.jp/mofaj/press/release/press4_008249.html）
286　Paul Kallender and Christopher W Hughes "Japan's Emerging Trajectory as a 'Cyber Power': From Securitization to Militarization of Cyberspace," Journal of Strategic Studies, Vol. 40（1-2）, 2017, pp. 118-145

5-3 組織の変化からみる環境適応

（1）防衛省における体制整備

　防衛省・自衛隊のサイバー防衛に関する取り組みの変化は、内部部局の班やサイバー防衛隊等の組織と予算の変化に表れている。そこで、本項は2000年以降の防衛省・自衛隊の組織と予算を分析することで、政策文書におけるサイバー防衛重点化の進展を分析する。

　まず、組織的な発展の変化を概観すると、防衛省・自衛隊は、2000年にサイバー防衛の取り組みを開始し、2008年にサイバー攻撃対処を行う初の常設の統合部隊を新編するなど、体制整備を本格化した。その後、2010年代に入ると、安全保障戦略や国際連携の強化

図14　防衛省・自衛隊におけるサイバー関連組織の変遷

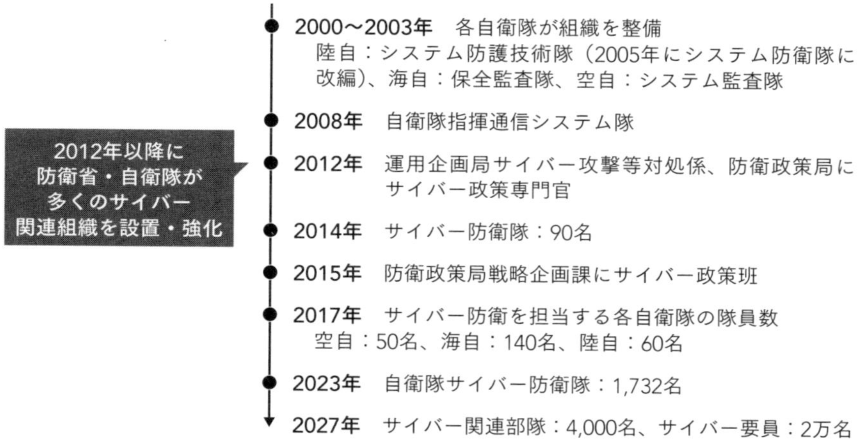

- **2000〜2003年**　各自衛隊が組織を整備
  陸自：システム防護技術隊（2005年にシステム防衛隊に改編）、海自：保全監査隊、空自：システム監査隊
- **2008年**　自衛隊指揮通信システム隊
- **2012年**　運用企画局サイバー攻撃等対処係、防衛政策局にサイバー政策専門官
- **2014年**　サイバー防衛隊：90名
- **2015年**　防衛政策局戦略企画課にサイバー政策班
- **2017年**　サイバー防衛を担当する各自衛隊の隊員数
  空自：50名、海自：140名、陸自：60名
- **2023年**　自衛隊サイバー防衛隊：1,732名
- **2027年**　サイバー関連部隊：4,000名、サイバー要員：2万名

> 2012年以降に防衛省・自衛隊が多くのサイバー関連組織を設置・強化

と連動し、サイバー防衛隊の新設だけでなく、防衛副大臣によるサイバー分野の検討、防衛省内部部局でのサイバー分野の検討をする課や班や大臣官房へのサイバーセキュリティ特別分析官の設置など、組織内で幅広くサイバー分野を強化するための組織変更を行った。

　2000年の推進要綱以降、自衛隊はシステムの監視、攻撃者のシステムへの侵入経路の特定、および攻撃への対処のための組織を整備した。航空自衛隊は2000年に航空システム通信隊保全監査群にシステム監査隊を新編、海上自衛隊は2002年にシステム通信隊群に保全監査隊を新編、陸上自衛隊は2003年に通信団にシステム防護技術隊を新編（2005年にシステム防護隊に改編）した[287]。また、2008年、防衛省・自衛隊は中央指揮所や防衛情報通信基盤の維持管理・サイバー攻撃対処を行う初の常設の統合部隊となる自衛隊指揮通信システム隊を新編し、2014年3月にその隷下に約90名からなるサイバー防衛隊を編成した。

　各自衛隊のサイバー防衛を担当する隊員は2017年時点で、陸上自衛隊システム防護隊が約60名、海上自衛隊の保全監査隊が約140名、航空自衛隊システム監査隊が約50名となっていた[288]。その後、防衛省はサイバー防衛に向けた体制整備として自衛隊指揮通信システム隊の体制を見直し、2022年3月に、防衛大臣直轄の130名からなる自衛隊サイバー防衛隊を新編した[289]。

287　高度情報通信ネットワーク社会推進戦略本部「第1次提言　情報セキュリティ問題に取り組む政府の機能・役割見直しに向けて」2004年11月16日（https://www.nisc.go.jp/pdf/policy/kihon-s/teigen/1teigen_hontai.pdf）；防衛庁「将来を展望した防衛力の整備」平成14年版防衛白書、2002年（http://www.clearing.mod.go.jp/hakusho_data/2002/honmon/frame/at1403050202.htm）；防衛庁「保全監察隊の編成に関する訓令」2002年3月20日（http://www.clearing.mod.go.jp/kunrei_data/afd/2001/ax2002032000023000.pdf）

288　国立国会図書館「第193回国会　参議院　外交防衛委員会　第21号」2017年5月25日（https://kokkai.ndl.go.jp/txt/119313950X02120170525/103）

289　防衛省「防衛大臣臨時記者会見」2022年3月17日（https://www.mod.go.jp/j/press/kisha/2022/0317ar.html）

その後も、2027年度までにサイバー関連部隊を約4,000名、サイバー要員を2万名体制に拡充する目標を掲げている。これまでに防衛省は、2023年度にサイバー防衛隊を144名増員し、その規模は1,732名になっている（図14）[290]。

2010年代に入ると、安全保障戦略や国際連携の強化と連動し、防衛省はサイバー分野強化の必要性を認識し、能力・対処領域の拡大を検討していた。例えば、2012年に副大臣を委員長とするサイバー政策検討委員会を設置し、国際協力、サイバー攻撃の法的位置づけ、体制整備、サイバー攻撃対処、人材育成・確保、防衛産業との協力等について議論している。

さらに防衛省は、防衛産業との情報共有や協力を重視し、2013年にサイバーディフェンス連携協議会を設置した[291]。同協議会設置の背景には、三菱重工業等の防衛装備品の製造に関わる企業が受けたサイバー攻撃による情報漏洩がある[292]。それ以降も、日本の防衛産業はサイバー攻撃被害を受け続けており、防衛省は防衛産業から2019年に漏洩した情報に安全保障に影響を及ぼす恐れがあるファイルがあったと発表している[293]。

防衛省内部部局も、2010年代から複数のサイバー分野を担当する課や班を新設している。2023年7月に設置した整備計画局サイバー整備課は、情報通信課として長くサイバー政策に関与している。また、2015年10月には防衛政策局戦略企画課にサイバー政策班を設置

---

[290] 防衛省「防衛省設置法の一部を改正する法律案の概要（令和5年度予算関連法案）」2023年2月（https://www.mod.go.jp/j/presiding/houan/pdf/211_230210/05.pdf）；国立国会図書館「第211回国会 参議院財政金融委員会 第10号」2023年5月25日（https://kokkai.ndl.go.jp/txt/121114370X01020230525/183）

[291] 防衛省「サイバーディフェンス連携協議会（CDC）の設置・取組について」2013年7月（https://warp.da.ndl.go.jp/info:ndljp/pid/11181270/www.mod.go.jp/j/approach/others/security/cyber_defense_council.pdf）

[292] 三菱重工業「コンピューターウイルス感染に関する調査状況について（その2）」2011年10月24日（https://www.mhi.com/jp/notice/1504034_14475.html）

[293] 防衛省「三菱電機株式会社に対する不正アクセスによる安全保障上の影響に関する調査結果について」2021年12月24日（https://www.mod.go.jp/j/press/news/2021/12/24c.pdf）

するなど、少しずつサイバー分野を担当する組織を立ち上げている。近年は大臣官房にサイバーセキュリティ特別分析官（2022年3月）、防衛装備庁に装備保全管理課（2023年7月）を設置しており、サイバー分野の強化を進めている。

　これら組織の所掌範囲に防衛省・自衛隊だけでなく、米国や防衛産業を含んでいることは、防衛政策におけるサイバー分野の幅広い重点化を反映している[294]。整備計画局サイバー整備課は、自衛隊のサイバーセキュリティや防衛省の情報システムの整備・管理を所掌しており、基盤構築や自身のセキュリティ対策の重点を反映している。また、戦略企画課は中長期的な見地からの政策の企画および立案を担当していたことから、防衛省におけるサイバー分野の重要性が高まったことを反映している。サイバーセキュリティ特別分析官が置かれる大臣官房は、米国との連携を含む防衛省の所掌事務に関する総合調整を行うことから、サイバーセキュリティが幅広い範囲に影響を与えることを示している。さらに、装備保全管理課が装備品や契約相手のサイバーセキュリティを所掌していることは、防衛産業のセキュリティを重視していることを反映している。

（2）警察における体制整備

　日本国内で最大のサイバー攻撃対処組織である警察は、2022年時点で2,700名のサイバー部門専従要員を擁している[295]。警察組織は国家公安委員会が警察庁を管轄し、警察庁が警察に関する政策立案・企画を行うとともに、国の公安や広域犯罪等への対応を統括している。各都道府県警察は警察庁と緊密に連携しながら、サイバー犯罪

294　防衛省組織令は、各組織の所掌を定めている。「昭和二十九年政令第百七十八号 防衛省組織令」e-gov、2023年10月15日
295　警察庁「令和5年度公開プロセスサイバー空間における脅威への対処に係る人材育成」2023年6月26日（https://www.npa.go.jp/policies/budget/review/r5/R5_saibaasannkousiryou.pdf）

への対応を進めている。

　重大なサイバー事案については、警察庁サイバー警察局の指示の
もと、関東管区警察局のサイバー特別捜査隊が捜査を展開してい
る。ここでいう重大なサイバー事案とは、国・地方公共団体の機関
や重要インフラ等に重大な支障が生じる事案、マルウェアなどの対
処に高度な技術を要する事案、または海外からのサイバー攻撃集団
による攻撃を指している[296]。都道府県警察の体制は、例えば警視庁
の場合、公安部のサイバー攻撃対策センター、生活安全部のサイバ
ー犯罪対策課、および司令塔となるサイバーセキュリティ対策本部
で構成されている[297]。

　警察はサイバー犯罪捜査の体制を近年大きく変化させた。従来は
都道府県警察が捜査を行う形式を採用していたが、影響度の大きい
重大サイバー事案については警察庁が捜査を主導する体制へと移行
している。警察庁は2022年にサイバー警察局を設置し、重大サイバ
ー事案の捜査権限を持つサイバー特別捜査部を2024年に創設した。

　この組織改編の背景には、複数の課題への対応がある。その課題
の一つが、分散していた担当の集約である。従来の警察庁の体制で
は、サイバー犯罪全般は生活安全局の情報技術犯罪対策課が、国家
が背景にあると思われるサイバー攻撃は警備局のサイバー攻撃対策
室が、技術系職員の育成や分析・解析は別の部門が担当するといっ
たように分散した体制となっていた[298]。また、サイバー空間には国
境がないことから、特に重大サイバー事案への対処では外国捜査機
関等との連携が不可欠であり、都道府県警察の捜査のみを前提とす
る仕組みでは、対処に支障が出ていた。そこで、警察庁は高度化・

296　警察庁「警察法の一部を改正する法律案（概要）」2022年1月28日（https://www.npa.go.jp/laws/kokkai/220128/05_gaiyou.pdf）

297　警視庁「組織について」2024年（https://www.keishicho.metro.tokyo.lg.jp/saiyo/2024/about/organization.html）

298　宮内健「サイバー攻撃の被害『警察に言いにくい』ダメな訳──企業も躊躇せず通報が潜在的な被害をなくす」東洋経済オンライン、2024年9月30日（https://toyokeizai.net/articles/-/828390?page＝2）

複雑化するサイバー空間の脅威に対し、捜査の指導や情報の集約、技術的な解析、民間企業との連携を一元化するために、サイバー警察局を設置したのである。

このような警察の動きは、警察庁のサイバー戦略からもわかる。2022年4月に策定した警察におけるサイバー戦略は、①体制強化、②実態把握、③部門間連携、④国際連携、⑤官民連携という5つの項目を掲げていた[299]。なかでも体制強化は従前の戦略からの大きな変更点であり、重大サイバー事案の捜査や国際共同捜査に向けた組織体制について記述していた。

この戦略は、サイバー空間に関する情勢認識においても変化があったことを示している。2018年の戦略ではIoT機器の普及、およびサイバー空間と実空間の一体化が強調されていたのに対し、2022年の戦略では、デジタル化の進展によりサイバー空間が公共空間へと変貌したことが強調されている[300]。また、国家を背景に持つサイバー攻撃集団の脅威についても、より明確に言及するようになった。

警察のサイバー攻撃への対処は多岐にわたる。具体的には、サイバー攻撃に対する捜査や実態解明、パブリックアトリビューション、注意喚起、C2サーバのテイクダウン、情報共有、海外との国際捜査協力などを実施している。

近年の警察によるサイバー攻撃対処の具体例として、C2サーバのテイクダウンやマルウェアの無害化措置がある。2022年に行われたC2サーバのテイクダウンでは、警察がC2サーバとして悪用されている改ざんされたウェブサイトを特定し、C2サーバの機能を停止した。このとき警察は、ウェブサイトの管理者や、サーバ内の不審フ

299　警察庁「警察におけるサイバー戦略について（依命通達）」2022年4月1日（https://www.npa.go.jp/bureau/cyber/pdf/202204_senryaku.pdf）
300　警察庁「警察におけるサイバーセキュリティ戦略の改定について（依命通達）」国立国会図書館、2018年9月6日（https://warp.ndl.go.jp/info:ndljp/pid/12295696/www.npa.go.jp/cybersecurity/pdf/300906_senryaku.pdf）

ァイルがC2サーバ機能を有することを特定し、管理者に対して停止措置を依頼した。

また、2015年に実施されたマルウェアの無害化措置では、警視庁、総務省、およびTelecom-ISAC Japanが共同で、オンライン銀行の個人情報を狙うVAWTRAKと呼ばれるマルウェアへの対策を講じた[301]。警察はマルウェアの感染端末が通信を行うC2サーバの失効済みドメインを取得し、警察管理サーバに割り当てることで感染端末の情報を収集した。さらに、マルウェアが定期的にC2サーバにアクセスする特性を利用し、警察は警察管理サーバにマルウェアの無害化データを配置して感染端末のマルウェアを無効化することに成功した。

5-4 サイバー政策をめぐる予算

（1）政府のサイバー予算の増加

日本政府の予算は、サイバー分野に注力する姿勢を定量的に反映している。安全保障戦略や防衛政策が示す方針と、それを裏付ける予算の増減を併せて検証することで、具体的な取り組みを定量的に評価することができる。そこで、2012年から2024年度までのサイバーセキュリティ予算を概観し、2022年度以降のサイバー領域の重点化、予算項目の変化を検証する。

---

301 総務省「インターネットバンキングに係るマルウェアへの感染者に対する注意喚起の実施について」2015年4月10日（https://www.soumu.go.jp/main_content/000352800.pdf）；警視庁「ネットバンキングウイルス無力化作戦の実施について」2015年4月10日（https://web.archive.org/web/20150410020614/http://www.keishicho.metro.tokyo.jp/haiteku/haiteku/haiteku504.htm）

2012年度以降、政府のサイバーセキュリティに関する予算は拡大し続けている（図15）。NISCによれば、2024年度のサイバーセキュリティに関する政府予算は2,128.6億円、2014年と比較すると約3.9倍になった[302]。一方、防衛省の2024年度予算をみると、サイバー領域向け予算は2,115億円であり、2014年度の205億円から大幅に増えている[303]。この予算増加は、NSS2022によるサイバー分野の強化を反映したものである。これまで防衛省は、政府全体のサイバーセキュリティ予算のうち最も大きな割合を占め続けており、2024年度は71.5％、2023年度は64.0％であった[304]。その他の省庁をみると、中央省庁では総務省や経済産業省が大きな予算を占めている。

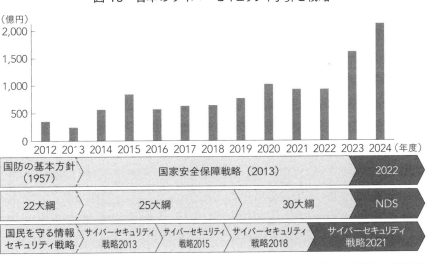

図15　日本のサイバーセキュリティ予算と戦略

出所：各種資料から筆者作成

---

[302] 内閣サイバーセキュリティセンター「政府のサイバーセキュリティに関する令和6年度予算」2024年7月10日（https://www.nisc.go.jp/pdf/council/cs/dai41/41shiryou03.pdf）
[303] 防衛省「防衛力抜本的強化の進捗と予算——令和6年度予算の概要」2024年3月29日（https://www.mod.go.jp/j/budget/yosan_gaiyo/2024/yosan_20240328.pdf）；防衛省「平成26年度予算の概要」2014年3月24日（https://warp.da.ndl.go.jp/info:ndljp/pid/11488652/www.mod.go.jp/j/yosan/yosan_gaiyo/2014/yosan.pdf）

警察予算は中央省庁だけでなく、地方自治体の予算に計上されている。中央省庁である警察庁の2024年度のサイバーセキュリティに関する予算は、全体の2.3％（48.9億円）であった。一方、地方自治体である東京都の予算をみると、警視庁の2024年度予算要求のうちサイバー犯罪捜査の強化に21.82億円を計上していた[305]。そのため、警察組織全体でみると大きな規模の予算を充てていると想定できる。

他国と予算規模を比較すると、2023年度予算において対GDP比で米国と同程度となった。具体的には、2023年度の米国のサイバー防衛予算の要求額はGDP比0.0493％であったのに対し、日本の支出額は同0.0443％に達した[306]。

2022年以降のサイバー領域の重点化に伴う予算増の背景には、安全保障戦略においてサイバー防衛の方針を転換したことがある。NSS2022は能動的サイバー防御として、重大なサイバー攻撃を未然に排除する能力に言及した。また、岸田文雄首相は日本の防衛予算をGDPの2％まで増やすことを指示した[307]。さらに、2022年5月の日米首脳会談における共同声明では、サイバー領域の重要性や米国との協力関係を加速させる必要性を強調した[308]。この結果、2022年12月に決定した政府予算はサイバー分野の大幅増となった。

304　NISCの発表する予算は、各省庁予算のうちサイバーセキュリティに関する予算として切り分けられないものは含んでいない。そのため、防衛省の予算とは乖離する。内閣サイバーセキュリティセンター「政府のサイバーセキュリティに関する予算」2023年6月1日（https://www.nisc.go.jp/pdf/council/cs/dai35/35shiryou03.pdf）

305　警視庁「令和6年度予算要求概要」2023年11月（https://www.zaimu.metro.tokyo.lg.jp/documents/d/zaimu/25_5）

306　US Department of Defense, "OFFICE OF THE UNDER SECRETARY OF DEFENSE（COMPTROLLER）/ CHIEF FINANCIAL OFFICER," April, 2022（https://comptroller.defense.gov/Portals/45/Documents/defbudget/FY2023/FY2023_Budget_Request_Overview_Book.pdf）

307　2022年11月28日、岸田は令和9年度において、防衛費とそれを補完する取り組みを合わせ、当時のGDPの2％に達するよう、予算措置を講ずることを指示した。渡辺公徳「新たな国家安全保障戦略等の策定と令和5年度防衛関係予算について」ファイナンス、2023年4月（https://www.mof.go.jp/public_relations/finance/202304/202304f.pdf）

308　外務省「日米首脳共同声明『自由で開かれた国際秩序の強化』2022年5月23日（https://www.mofa.go.jp/mofaj/na/na1/us/shin4_000018.html）

（2）サイバー防衛予算の段階的増加

　過去の予算配分は、防衛省・自衛隊のサイバー能力構築の重点を反映しており、3つのフェーズがあったことがわかる。まず、防衛省はDIIを構築していた2001年からサイバー攻撃への対応を研究していたが、最初のフェーズはDIIの保護に重点を置いていた。

　次に、第2段階のフェーズでは、DII整備予算に加えて、脅威の予防策や情報能力の開発を行った。2010年度予算をみると、情報本部の活動にサイバー攻撃の動向を収集・分析する能力を強化するなど、サイバー分野が加わったことがわかる。

　そして、防衛省・自衛隊におけるサイバー能力開発の第3段階は、従前の2つの重点に加えて、2015年から始まった相手側を妨げる能力の開発である。一部の研究結果をみると、シミュレーションのための過去の攻撃事例、攻撃手法、および防御手法について研究しており、2018年12月発表の30大綱や31中期防において妨げる能力の整備に関する記述につながった可能性が高い。

　中期防衛力整備計画（中期防）は、時間軸を5年とする調達リストであり、予算と密接な関係がある。本稿では、上記の裏付けとして2001年以降の中期防と予算項目の記述を分析し、サイバー防衛の重点の変化を明らかにする。

　2001年度から2013年度までの中期防（平成13～17年度、平成17～21年度）の能力構築の焦点は、指揮通信システムや情報通信ネットワークの整備といったインフラ整備に当てられていた。これに対応して、防衛庁・自衛隊の予算には、情報通信機能の統合強化やより高度な情報体制・情報通信態勢の構築といった項目が含まれていた。平成17～21年度の中期防は、従来のインフラ整備に加え、サイバー攻撃への対処を統合的に実施する体制、対処能力、および人材

育成についての記載が現れた。予算面でも、サイバー防護分析装置の整備やサイバー演習環境構築技術の研究、各国との連携強化などが追加された。

26中期防では、サイバー攻撃対応として民間との協力や、二国間・多国間の防衛協力・交流の推進が打ち出された。予算では、DIIの整備に多額（2014年度に128億円）を割り当てつつ、諸外国および民間企業等との連携強化、演習環境や人工知能といった最新技術の研究などの項目が加わった。2015年度予算では妨げる能力の研究費として1,000万円を計上し、富士通が1,530万円でプロジェクトを受注した[309]。この研究結果は公表されなかったが、30大綱や31中期防において妨げる能力の整備に関する記述につながったといえる。

31中期防では、従来の取り組みに加え、自衛隊の情報通信ネットワークの常時監視や妨げる能力、サイバー防衛部隊の新編などが方針として示された。予算面では、部外力の活用（2022年度に38億円）の拡大、領域横断作戦能力の強化、防衛産業のサイバーセキュリティ対策などが新たな項目として現れた。

2022年の防衛力整備計画は、防衛省・自衛隊によるサイバーセキュリティレベルの向上、関係省庁、重要インフラ事業者および防衛産業との連携強化、相手方によるサイバー空間の利用を妨げる能力の強化、日米での情報共有の促進、および人材育成等に取り組むことを示している。また、2022年からおおむね10年後までに自衛隊以外の組織へのサイバーセキュリティ支援を強化することを挙げている。2023年度の防衛省予算に記載されたサイバー関連予算の内訳は、リスク管理フレームワーク（RMF）の導入に339億円、情報シ

---

309 その他には2016年に、交戦模擬および交戦模擬に入力するパラメータの検討を行う「サイバー戦モデルの研究」を行った。防衛省「サイバー戦モデルの研究」国立国会図書館、2016年6月16日（https://warp.ndl.go.jp/info:ndljp/pid/10123823/www.mod.go.jp/js/Supply/pdf/notification/n20160708.pdf）；防衛省「サイバー戦モデルの研究　研究報告書」国立国会図書館、2017年2月28日（https://warp.ndl.go.jp/info:ndljp/pid/11533346/www.mod.go.jp/j/approach/hyouka/kouritsuka/yosan_shikko/2016/2016/01_cyber_model.pdf）

ステムの保護に1,370億円、教育・研究機能の強化に21億円、抑止力の強化に4億円、防衛産業のセキュリティ対策に967億円であった。これより、防衛省予算において最も多くの割合を占める項目は、自身のシステム整備や防護であることがわかる。また、フェーズ変化の段階で、防衛省は従前のDII整備や防護を継続しつつ、脅威の予防策、情報能力、妨げる能力の整備といった新たな取り組みを追加することで、能力開発を進めてきたことがわかる。

5-5 サイバー安全保障が生み出す相互作用

（1）有識者会議における論点

　ここでは、日本のサイバー分野における将来の課題と限界を論じる。先に指摘したとおり、能動的サイバー防御は、新たな要素と従来の取り組みから構成されている。このうち能動的サイバー防御における新たな要素とは、重大なサイバー攻撃について、平時において可能な限り未然に攻撃者のサーバ等への侵入・無害化をすることであった。

　この新たな要素は能動的サイバー防御が生み出す相互作用であるといえる。能動的サイバー防御を実現するためには、実働を担う組織、活動を担保する法律、それらを支える予算といった幅広い相互作用が必要となる。例えば、サーバ等への侵入・無害化は、不正アクセス禁止法が禁じる行為を含むものであり、2024年3月時点の体制や法制度では実現が難しい。そこで、以降では2024年6月から始まった有識者会議での議論を振り返り、関連する法改正や関係機関

236 | 第5章 日本の転換

の体制も含めた、日本が取り組むべき課題を提示する。

　日本政府は、「サイバー安全保障分野での対応能力の向上に向けた有識者会議」を設置し、新たな取り組みの実現のために必要となる法制度の整備等について議論を行っている[310]。この会議における論点を概観することで、NSS2022の能動的サイバー防御の課題を分析する。

　この有識者会議では、官民連携、通信情報の利用、アクセス・無害化措置のテーマ別会合が開催され、テーマごとに政府側から論点が提示された[311]。また、政府がそれらの論点に対する議論を整理した資料を作成している[312]。

　まず官民連携の強化の分野では、サイバー攻撃の高度化・巧妙化への対応、重要インフラのデジタル化に伴うリスク増大、中小企業を含むサプライチェーン全体での対策の必要性を指摘していた。なかでも2024年に始まったセキュリティ・クリアランス制度を活用した海外連携など情報共有の在り方にも言及があったことが興味深い。また、サイバー攻撃を受けた際のインシデント報告窓口とフォーマットの統一を求めるとともに、脆弱性対応におけるベンダーの責務と支援の在り方を課題として指摘した。

　通信情報の利用の分野では、攻撃の実態把握に向けた情報分析の必要性を指摘している。特に、憲法が規定する通信の秘密との関係を整理し、電気通信事業者の協力確保と負担軽減を図ることや、国民の理解を得るための透明性確保と、独立機関による監督の仕組み

310　内閣官房「サイバー安全保障分野での対応能力の向上に向けた有識者会議」(https://www.cas.go.jp/jp/seisaku/cyber_anzen_hosyo/index.html)

311　内閣官房「サイバー安全保障分野での対応能力の向上に向けた有識者会議　官民連携に関するテーマ別会合　第1回　御議論いただきたい事項」2024年7月3日（https://www.cas.go.jp/jp/seisaku/cyber_anzen_hosyo/dai3/siryou3-1.pdf）；内閣官房「サイバー安全保障分野での対応能力の向上に向けた有識者会議　通信情報の利用に関するテーマ別会合　第1回　御議論いただきたい事項」2024年6月19日（https://www.cas.go.jp/jp/seisaku/cyber_anzen_hosyo/dai3/siryou5-1.pdf）

312　内閣官房「サイバー安全保障分野での対応能力の向上に向けた有識者会議　これまでの議論の整理」2024年8月7日（https://www.cas.go.jp/jp/seisaku/cyber_anzen_hosyo/giron_seiri/giron_seiri.pdf）

を求めている。さらに、情報の分析結果の共有など、先進主要国との連携も重要な課題として挙げた。

アクセス・無害化措置では、サイバー空間の特徴をふまえた実効的な制度構築を求めた。その中で、防衛省や自衛隊、警察等の実施主体の明確化や、重要インフラ等の対象の優先順位付けを指摘している。また、国際法との関係整理や、専門人材の確保・育成、情報収集・分析体制の整備も重要な課題として認識していたことがわかる。

さらに横断的課題の分野として、NSS2022が掲げたサイバーセキュリティ戦略本部・NISCの司令塔機能強化や、重要インフラ事業者や政府機関等の対策強化を求めている。人材面についても、サイバーセキュリティ人材の育成・確保の重要性を指摘している。中小企業を含めた対策強化や国産セキュリティ製品・サービスの開発支援、組織間連携・情報共有の促進なども課題として挙がった。

一方、これらの課題には、NSS2022以前から議論されていた人材不足や中小企業対策といった項目が含まれており、政府が制度変更によって従来あった問題を解決しようとする姿勢がわかる。

その他にも、サイバー攻撃を受けた際のインシデント報告窓口とフォーマットの統一では、インシデント対応を行う被害者に追加的な負担をかけることになることが問題であった。そのため、これに関して以前から課題と改善方法の議論が行われてきた。具体的には、重要インフラ事業者がサイバー攻撃を受けた場合、総務省や経済産業省のような所管省庁、警察、JPCERT/CC、情報処理推進機構といった複数の機関に報告をすることが法律や契約によって義務づけられていたり、ガイドライン等によって推奨されていたりする[313]。このとき、所管省庁はインフラの運用状況、警察にとっては捜査に

313　内閣サイバーセキュリティセンター「サイバー攻撃被害に係る情報の共有・公表ガイダンス」2023年3月8日、pp.87-88（https://www.soumu.go.jp/main_content/000867112.pdf）

必要な情報、JPCERT/CCにとっては調整や対処に必要な情報を被害者から聞き取ろうとする。そのため、被害者の報告窓口を統合することや、報告すべきインシデントの報告基準に関する議論が行われてきた[314]。

（2）制度上の課題

　有識者会議は、NSS2022の能動的サイバー防御における制度設計や既存の法律との関係を議論してきた。政府は論点整理として、官民連携においてサイバーセキュリティ基本法や電気通信事業法などの業法の改正が政府の司令塔機能、情報収集・提供機能の強化に必要であることを指摘していた[315]。また、通信情報の活用における通信の秘密や、アクセス・無害化措置における不正アクセス禁止法との整理を現行制度上の課題として挙げていた。

　サイバーセキュリティ基本法については、アクセス・無害化措置に関するテーマ別会合では、内閣官房副長官補・NISCセンター長であった髙見澤將林が、NISCの限定された任務と総合調整の限界について指摘している[316]。この中では、NISCのインテリジェンスの欠如等の経緯上の制約、人材の集め方と育成・養成、任務の明確性と役割分担を変える重要性を指摘していた。

　通信情報の利用に関しては、政府が通信内容を収集・分析することと、憲法や法律上の制約を整理する必要がある。特に重要なのは、憲法第21条第2項が定める通信の秘密との関係である。また、

314　例えば、電気通信事故の報告・検証制度等に関する検討課題については、総務省の情報通信審議会情報通信技術分科会IPネットワーク設備委員会事故報告・検証制度等タスクフォースにて議論が行われていた。総務省「中間報告（案）〜安心・安全で信頼できる情報通信ネットワークの確保のための事故報告・検証制度等の在り方〜」2021年6月14日（https://www.soumu.go.jp/main_content/000755062.pdf）

315　内閣官房「サイバー安全保障分野での対応能力の向上に向けて」2024年6月7日（https://www.cas.go.jp/jp/seisaku/cyber_anzen_hosyo/dai1/siryou3.pdf）

316　髙見澤將林「サイバー安全保障における政府に求められる役割」2024年7月24日（https://www.cas.go.jp/jp/seisaku/cyber_anzen_hosyo/dai3/siryou8-1.pdf）

電気通信事業法、有線電気通信法、電波法といった法律との整合性も検討が必要である。これは特に、外国から日本国内外に向けた通信の分析を行う際に重要となる。

また、通信情報の利用について、政府による議論の整理をみると、利用範囲や分析方法といった運用上の課題も多くあることがわかる。例えば、通信情報の利用範囲において、外国が関係する通信の分析が必要とされているものの、日本を経由するだけの通信を分析することの検討が欠かせないと指摘している。さらに、通信情報の分析対象については、IPパケットのヘッダにあるアドレスなどのコンピュータ等を識別する情報、コンピュータ等に一定の動作をするよう指令を与える情報、その他機械的な情報、個人のコミュニケーションの本質的内容に関わる情報を4分類し、どこまでを分析対象とするか整理しようとしている。

分析方式についての議論では、収集したデータすべてを人間の目で確認することは現実的ではなく、またプライバシー保護の観点からも適切ではないとの指摘があった。そのため、機械的な選別や検索条件による絞り込みなどの技術的方策の確立が課題となっている。また、サイバー攻撃被害の顕在化を防ぐための予防的な分析であることから、「最初は広く、懸念が見つかったら深く」という考え方に基づく分析手法を採用することが挙がった。

さらに、構造化されていないデータの分析を含め、高度な分析技術と能力、設備の整備が課題となっている。この点については民間企業との協力可能性も検討が必要である。加えて、諸外国の事例研究に基づく分析範囲等の設計と、継続的な検討の仕組みの構築も重要な課題として認識されている。

アクセス・無害化措置に関しては、不正アクセス禁止法が禁止するコンピュータへの侵入や対処方法も論点となるだろう。また、既存の法律との関係では、悪意のあるウェブサイトやボットネットと

いったサイバー攻撃に利用されるインフラのテイクダウンは、不正アクセス禁止法や刑法第234条の2（電子計算機損壊等業務妨害）との関係を整理する必要がある。アクセス・無害化措置の手法に関する議論では、具体的な無害化手法を法律上にメニューとして列挙する形式は適切ではなく、警察官職務執行法を参考にした制度設計の必要性を指摘していた。運用面での課題としては、状況把握と予測能力、無害化のための戦略立案能力の向上を挙げていた。

　制度的な課題としては、アクセス・無害化措置を実施する際の、手続きの公正性・透明性の確保、サイバー防御とプライバシー保護についての指摘があった。また、独立機関による事後監査の仕組みや、誤って無害化措置の対象となった場合のセーフティネットの整備も挙がっていた。さらに、政治によるマイクロマネジメントと権限行使主体への白紙委任の双方を避けるための適切な方針策定も、重要な課題だろう。

　また、国際的な課題としては、有識者会議はサイバー攻撃が国境をまたぐことをふまえ、中継ネットワークが所在する国との連携強化を指摘していた。無害化措置の国際法上の位置づけについても、主権侵害や違法性阻却事由の観点から整理が必要である。

5-6 能動的サイバー防御に向けた体制整備

（1）国際的な議論に則った能力・対抗手段の保持と国内法整備

　以降では、NSS2022や有識者会議の論点をふまえ、日本政府が目指すサイバー防衛能力の姿を分析する。特に、能動的サイバー防御

の方向性から、平時における相手方への働きかけ、従来の取り組みと新しい要素の統合、同盟国・同志国と歩調を合わせたサイバー攻撃対処という観点で分析を行う。

日本政府は、サイバー空間における国際的な規範との整合性を重視し、既存の国際法がサイバー空間に適用できるという立場をとっている[317]。この立場に基づき、能動的サイバー防御の実現に向けた、情報収集やサイバー空間上での作戦に必要な能力と限界について検討が必要である。

有識者会議において指摘された通信の秘密を定めた憲法第21条や不正アクセス禁止法は、能動的サイバー防御の実現において重要な課題となる。平時において重大なサイバー攻撃を未然に排除するためには、政府が相手方による攻撃の着手を観測し、必要な権限のもとでコンピュータに侵入して無害化する必要がある。そのため、相手方による攻撃着手の観測とコンピュータへの侵入について、その限界を検討する必要がある。

相手方の武力攻撃への着手判断には、国際情勢、相手方の意図、攻撃手段、態様等の多角的な検討が必要となる。日本政府は、マルウェアによる攻撃の場合、標的となりうるシステムの監視、国内通信インフラの観測、攻撃側コンピュータの振る舞いの観測、マルウェアの解析等から情報を得ることができる。標的となりうるシステムの監視は、民間企業等のシステムを管理する組織が担当することになるだろう。

日本政府は通信事業者等の民間企業と連携して、国内インフラへの攻撃対処準備を整えつつある。2021年の総務省での検討により、マルウェアの制御に関する通信分析は、通信の秘密の利用等に関する違法性阻却事由に該当するとの結論が出ている[318]。また2022年の

317　外務省「サイバー行動に適用される国際法に関する日本政府の基本的な立場について」2021年6月16日（https://www.mofa.go.jp/mofaj/gaiko/page3_003059.html）

電気通信事業法改正によって、サイバー攻撃前の段階での情報共有や分析が可能となった。さらに2024年には内閣法制局長官が、通信の秘密は公共の福祉による必要最小限度の制約を受けることを指摘している。このことから、今後電気通信事業法が改正され、攻撃活動の見極め前からの情報収集が可能となれば、政府の判断材料は増加することになる。

攻撃側のコンピュータへの侵入に関しては、不正アクセス禁止法と主権の侵害という二つの課題がある。攻撃側コンピュータの所在地にかかわらず、アクセス制御を回避する侵入行為は不正アクセス禁止法に違反する。また、相手国内のコンピュータへの侵入は侵害認定の基準次第であり、本質的な政府機能に分類されるネットワークへの侵入は、主権侵害となる可能性が高い[319]。NSS2022が示す欧米主要国と同等以上の対応力確保の観点からは、主権侵害の可能性がある海外のコンピュータも対象に含まれることが想定される。

日本政府は、国際違法行為に対する緊急避難や対抗措置を行うことができる。外務省は、一定の条件下で対抗措置が国際法上認められており、その手段は先行する国際違法行為と同様である必要はないとの見解を示している。日本政府はこれまでに外国政府と関係のある組織によるサイバー攻撃を公表しており、対抗措置を見据えた能力開発も可能である[320]。また、有識者会議では、緊急避難の援用による能動的サイバー防御の説明も行われた。ただし、緊急避難は

318　2018年と2023年の法律改正により、情報通信研究機構がパスワード設定等に不備のあるIoT機器の調査を行うことが可能となっており、この調査は不正アクセス行為から除外されている。影井敬義他「立案担当者解説　電気通信事業法及び国立研究開発法人情報通信研究機構法の一部を改正する法律」情報通信政策研究、第2巻第1号、2018年7月31日

319　河野桂子「サイバー空間を通じた監視活動の法的評価——間諜行為、主権侵害と人権法（プライバシーの侵害）の観点から」防衛研究所紀要、第19巻第2号、2017年3月

320　第6次サイバーセキュリティに関する国連政府専門家グループ（GGE）委員であった赤堀毅は、攻撃着手の観測のための情報収集について「いざとなればそのような反撃を行うことができるように様々な手段で情報収集をしておくことは主権侵害に当たらないといえるのではないか」と指摘している。赤堀毅『サイバーセキュリティと国際法の基本——国連における議論を中心に』東信堂、2023年、89頁

緊急時の一時的な抗弁でしか認められないとの指摘もある[321]。そのため、政府が緊急避難として早期に対処を開始して、分析の結果をふまえて対抗措置に移行する、といったようにサイバー攻撃対処の様態によっては両者を使い分ける必要もあるだろう。

政府が未然に重大なサイバー攻撃を排除する場合の論点は、法改正、攻撃の重大性、攻撃者使用コンピュータの所在地である。攻撃対象が人命に影響するシステムや重要インフラである場合、その攻撃は重大であると推定できる。攻撃者のコンピュータが国内にある場合、法改正により主権侵害とならない範囲での排除が可能となる。外国政府関連組織による攻撃の場合、政府機能とは別に国内でサイバー攻撃用のサーバやIPアドレスを用意することも想定される。この場合、日本政府は主権侵害とならない範囲で相手側コンピュータへの侵入を行うことができる。

攻撃者のコンピュータが国外にある場合の対処も想定される。重大なサイバー攻撃が武力攻撃に該当する場合、日本は急迫する武力攻撃に対する自衛権の行使として、未然に国外のコンピュータに対処することができる[322]。また、武力攻撃に至らないサイバー攻撃であっても、均衡性のある対抗措置として国外のコンピュータに対処する可能性がある。

（2）横断的な情報収集・分析と円滑な対処

能動的サイバー防御における横断的な情報収集と円滑な対処も重要な課題である。日本国内の重要インフラへのサイバー攻撃対処

321　黒崎将広「能動的サイバー防御の国際法枠組み──武力未満と違法性阻却による正当化の可能性」国際問題、No.716、2023年12月、pp. 29-37

322　日本政府はサイバー攻撃のみであっても武力攻撃にあたりうることと、サイバー攻撃による武力攻撃に対して必要最小限の範囲での武力の行使が許されることを明言している。国立国会図書館「第198回国会　衆議院　本会議　第24号」2019年5月16日

は、被害組織、JPCERT/CC等の民間組織、所管省庁や法執行機関等の政府組織による対応から始まる。現行の枠組みでは、自衛隊は政府が重大なサイバー攻撃と判断し対処を決定した後に活動を開始する。自衛隊は攻撃顕在化前から情報収集を行うことも可能だが、被害報告を受けた後では攻撃が終了していたり、攻撃に使用されるコンピュータが変更されていたりする可能性がある。そのため、攻撃顕在化以降の相手方妨害能力の発揮は効果的ではない。また、髙見澤の指摘するとおり、サイバー攻撃に対する事態認定に至らない状況での判断や、想定外の事象に対して瞬時の意思決定が必要となる[323]。

　防衛省・自衛隊は2018年防衛大綱以来、民間組織が所有・運用する重要インフラ防護のため能動的サイバー防御の措置をとることを明示してきた。対処開始の迅速化のため、自衛隊法第82条の3の弾道ミサイル等に対する破壊措置と同様の枠組みで、重要インフラへの重大なサイバー攻撃への対処を検討することも可能であろう[324]。

　この民間・省庁横断の取り組みにおいて、NISCの改組は重要な意味を持つ。NISCは内閣官房においてサイバーセキュリティの確保に関する総合調整を担っているが、規模が小さく、分析能力や対処能力が不足している。2018年時点のNISCは他省庁や民間企業からの出向者を含め191名体制であった[325]。米国の類似組織と比較すると、国家サイバー長官室の最大75名、サイバーセキュリティ・社会基盤安全保障庁の2023年時点での3,161名と比べて大幅に小規模である。NSS2022によるNISCの改組では規模拡大が見込まれる。もし横断的な情報収集と円滑な対処に向けた組織を目指すのであれば、改組後

323　髙見澤將林「サイバー安全保障における政府に求められる役割」2024年7月24日
324　ただし、米国では対処を迅速化するためにサイバー空間での作戦権限を国防長官に委任したNSPM-13の効果を評価する一方、大きすぎる権限を委任しているとの批判もある。Suzanne Smalley, "Biden set to approve expansive authorities for Pentagon to carry out cyber operations," November 17, 2022
325　国立国会図書館「第197回国会　衆議院　内閣委員会　第6号」2018年11月22日（https://kokkai.ndl.go.jp/txt/119704889X00620181122/311）

のNISCは実働組織として、JPCERT/CCとの情報収集、分析、対処、調整、国際連携における役割分担を含めた体制強化が検討されるべきである。

情報収集・分析に関しては、官民において能力を有する組織が同じ情報に基づいて行動できるような仕組みが必要である。特に日本の場合は、集めた情報を分析しインテリジェンスとして共有することが必要となっている。有識者会議のテーマ別会合では、インシデント報告窓口とフォーマットの統一や、現場レベルで官民の対応者が集結できる仕組みの必要性について議論があった。また、米国の官民によるサイバーセキュリティ協力枠組みであるJCDC（Joint Cyber Defense Collaborative）、英国のセキュリティ・クリアランスを前提とした情報共有やリソース統合であるIndustry100、オーストラリアのCTIS（Cyber Threat Intelligence Sharing）が紹介された[326]。翻ってみれば、日本も同様に、共有する情報の守秘義務があるサイバーセキュリティ協議会、官民の約3万6,000名が登録するJPCERT/CCのCISTA、または分野別の情報共有の枠組みがある。

各情報共有の枠組みにおける情報の件数をみると、それぞれが異なる役割と能力を持つため、報告数が異なっていることがわかる（表14、表15、表16）。2023年度にサイバーセキュリティ協議会が取り扱った情報は52件、2023年度の重要インフラ事業者とNISCの間での情報共有件数は、重要インフラ事業者からNISCへの情報提供が272件、NISCからの情報提供は127件であった。JPCERT/CCが2023年度に報告を受けたインシデントの件数は、6万5,690件であり、調整件数は1万9,720件であった。

このような状況を鑑みれば、サイバー攻撃に関わる情報を効率的

326　内閣官房「サイバー安全保障分野での対応能力の向上に向けた有識者会議　官民連携に関するテーマ別会合　第1回（事務局資料）」2024年7月3日（https://www.cas.go.jp/jp/seisaku/cyber_anzen_hosyo/dai3/siryou3-2.pdf）

表 14　サイバーセキュリティ協議会が取り扱った情報件数

単位：件

年度	2020	2021	2022	2023
件数 （前年度からの継続）	44	60	34	52 （17）
対策の公開	12	23	30	36

出所：NISC「サイバーセキュリティ」各年度版

表 15　重要インフラ事業者と NISC 間での共有件数

単位：件

年度	2020	2021	2022	2023
重要インフラ事業者からNISC	309	407	302	272
NISCから重要インフラ事業者	64	91	83	127

出所：NISC「サイバーセキュリティ2024」

表 16　JPCERT/CC が受け付けたインシデント報告・調整件数

単位：件

年度	2020	2021	2022	2023
報告件数	46,942	50,801	53,921	65,690
調整件数	17,233	20,571	24,419	19,720

出所：JPCERT/CC「インシデント報告対応レポート　2024年1月1日〜2024年3月31日」

に受け付け、分析し、共有していく体制作りが重要である。NISCは「サイバー攻撃被害に係る情報の共有・公表ガイダンス」を作成することで情報共有の意義を呼びかけている。しかし、前述のとおり日本では情報共有の受け皿がたくさんあるにもかかわらず、情報分析結果の共有が進んでいない状況にあるといえる。その原因は、様々な共有枠組みがそれぞれの任務と能力に沿って分析をするため、共有された情報を統合して分析することができていないことにある。

例えば警察は、関連組織である日本サイバー犯罪対策センターを通じた情報共有を行うことはあるが、捜査情報を他の機関に共有することはまれである。そのため、サイバー攻撃に関する情報の分析やインテリジェンスの共有という観点からみると、他のインテリジェンス組織との共有や分析に進む段階がうまく機能していない可能性が高い。

（3）国際・官民連携を想定した運用

国際・官民連携による対処には、相乗効果によるメリットと運用面での課題がある。日本の重要インフラは自衛隊と在日米軍の活動を支えており、連携による保護の効果が期待できる。両国の様々な組織がサイバー空間における攻撃活動の監視等の状況把握を行っており、これらの情報共有は相互のリソースの有効活用につながる。2022年の国家防衛戦略は、反撃能力について日米共同での効果的な発揮を目指すとしており、能動的サイバー防御の導入による平時からの情報共有と共同対処を通じた相乗効果を企図している。

能動的サイバー防御の導入により、日本が同盟国・同志国と連携してサイバー攻撃に対処できるようになれば、重要インフラ防護での共同対処が可能になるだろう。例えば、2024年の米国へのVolt Typhoonによる攻撃では、相手側がグアムの通信事業者のネットワーク上にある機器を悪用していたとの指摘がある。グアムの通信事業者にはドコモパシフィックを含む3社があり、いずれも民間企業である。もし、侵害を受けていた企業が日本の関係する企業であれば、日米政府が共同で、民間事業者の有するインフラに対して共同で対処するといったことも可能であろう。

また、他国に対するサイバー分野における支援も検討すべきである。これまでの日本のサイバー分野における支援は、他国がサイバ

一攻撃に対処できるよう能力構築に重きが置かれてきた。だが、日本が他国と一緒にサイバー攻撃に対処するような支援も検討すべきである。例えば、米国が行っているハントフォワード作戦は、サイバー防衛のための要員を他国に派遣し、重要インフラの脆弱性を見つけたり、対処方法を教えたりする。2018年に始まったハントフォワード作戦ではウクライナやクロアチアといった多数の国々を支援しており、2023年9月までに23カ国に対して支援を行ってきた[327]。

その一方で、在日米軍にサービスを提供する重要インフラへのサイバー攻撃対処など、運用面での課題も存在する。官民の指揮命令・情報共有、米国との調整・役割分担、これらの法的根拠等、検討すべき事項は多岐にわたる。日本は同盟国・同志国や民間事業者との協議や訓練を通じて、これらの課題解決を進める必要がある。

具体的には、日本政府と民間事業者は、自身による対処だけでなく、諸外国からの支援の受け入れ態勢を検討すべきである。日本が他国からサイバー攻撃を受けた際に外国に支援を要請したとしても、それらの国々の政府関係者や専門家は日本国内の重要インフラシステムに支援に入れるのか、という問題がある。

例えば、在日米軍にサービスを提供している重要インフラ事業者が攻撃を受けたとき、日本が米国に支援を要請するといった状況である。この状況では、まず米国は日米地位協定に基づき日本政府に国内法に則った措置を求め、重要インフラ事業者が対処にあたる。しかし、対処が不十分な場合は米国による支援が行われるだろう。このときの受け入れ態勢、連携システムについて検討すべきである。

---

327 US Cyber Command, "Building Resilience: U.S. returns from second defensive Hunt Operation in Lithuania," September, 2023（https://www.cybercom.mil/Media/News/Article/3522801/building-resilience-us-returns-from-second-defensive-hunt-operation-in-lithuania/#:~:text = CNMF % 20has % 20deployed % 2050 % 20times,and % 20other % 20nations % 20since % 202018）; US Senate Armed Service Committee, "POSTURE STATEMENT OF GENERAL TIMOTHY D. HAUGH COMMANDER, UNITED STATES CYBER COMMAND BEFORE THE 118TH CONGRESS SENATE COMMITTEE ON ARMED SERVICES," April 10, 2024（https://www.armed-services.senate.gov/imo/media/doc/20242.pdf）

（4）政治判断を伴う演習の必要性

　日本のサイバーセキュリティ強化のためには、技術・法・政治を総合したサイバー演習が必要である。能動的サイバー防御のための対処には、技術的な情報収集と報告、技術的・法律的観点からの状況分析、これらをふまえた政治判断が必要である。これらの対処に関与するのは主に政府の幹部・一般職員、CERT、および民間事業者であり、その専門性もコンピュータ分野だけでなく政治・行政・法律を包含する必要がある。

　大規模なインシデントが発生したとき、日本政府には幅広い分野の横断的な協力に加えて、政治的な決断が必要になる。その際には、行政が民間と協力して技術情報を収集・解釈し、法律・政策的分析を行い、行政のトップに政治的な判断を求めることになる。そして、その判断をもとに行政・民間事業者はインシデント対応の具体策を適用することになる。

　そのため、国内でも政府関係者の幹部レベルが参加して経験を積めるサイバー演習が必要である。この演習を通じて知見を広め、国内の状況と照らし合わせたときの課題を抽出するようにすべきである。現在行われているNISCの分野横断的演習のスコープはインシデント発生時の情報共有体制の実効性の検証であり、政治レベルの判断を要求するものではない。

　今後、政府が主体となった技術的対処、情報収集・分析、政治判断までを包含する演習がない場合、インシデント発生時の民間との共同対処、情報収集、指揮命令系統、省庁間の連携、国家間の連携、および政治判断における課題を抽出することは難しい。平時の訓練において、技術・法・政治を総合した課題に対処することは、組織間の信頼関係の醸成にもつながる。例えば、若手政治家や関係

省庁の政務官が、サイバー攻撃による停電やフェイクニュースによる政治扇動を目の当たりにしながら、専門家や行政の報告をもとに政治的決断を行う演習は、将来の指導者を育成する場としても有用だろう。

おわりに

　サイバー攻撃による被害のニュースをみない日はない。自治体のシステムがダウンし、住民サービスが止まったり、大手企業から個人情報が流出したりする。医療機関がランサムウェアの被害に遭い、診療記録にアクセスできなくなる事態も起きている。セキュリティ担当者が必死に対策を練っても、次々と新しい攻撃手法が編み出される。まるでモグラたたきのように徒労感が漂う。

　私はセキュリティ研究に関わって15年以上になるが、完璧な対策などありえない。人間が完璧でないように、人間の作るシステムも完璧にはなれない。それなのに、多くの人々は「これさえ守れば安全」「究極的な対策」を求めがちである。

　サイバー戦を議論する際、実装の詳細を知らない人が考える作戦は、往々にして現場とかけ離れているといわれる。これは興味深い現象だ。核戦略を指揮する司令官は原子物理学を知らなくてもよかったのに、サイバー戦を指揮する司令官は情報通信技術の知識が必要になった。この違いは、現代の戦略環境の大きな変化を表している。この変化は、セキュリティを強化しろと指示する人が、究極的な対策を求めてしまう要因でもある。

　以前は目立つことを好む愉快犯的な攻撃が多かったが、最近は静かに潜伏して時間をかけて情報を抜き取るような手口が増えている。そんな攻撃者側も完璧ではない。彼らもミスをする。踏み台にされたサーバから証拠を消し忘れたり、身元を特定される情報を残したりする。防御側も攻撃側もお互いの穴を突こうとする、いたちごっこが続いている。面白いことに、このいたちごっこでは、決まりきったルールや手順を守る方が不利になりやすい。相手の想定を裏切り、一枚上手を行く方が勝つ。

そう考えると、サイバーセキュリティの世界は実に皮肉な構造をしている。コンプライアンスを重視し、規則正しく対策を積み重ねる組織は、むしろ弱者になってしまうようにもみえる。成功しているのは、常識を疑い、異端の発想で攻撃者の裏をかく者だ。では、政府や大企業は異端児にならなければいけないのか。技術的な専門性を持たない決定権者と現場の技術者の間の溝は、深まるばかりだ。完璧なセキュリティを目指せば目指すほど、既存の枠組みから外れていかざるを得ない。

　能動的サイバー防御とは、攻撃者や第三者の環境に踏み込んで、被害の顕在化前に対処するという考え方だ。これまで政府がとってきた施策と比較すれば、実に異質な選択肢である。「攻撃は最大の防御」とはよく言ったものだが、その防御の定義すら、日本はまだ決めかねている。結局のところ、この矛盾に満ちた世界で、どこまで既存の慣習や行動から逸脱できるのか。その答えを見つけるまで、私たちは綱渡りを続けるしかない。

　本書は、2024年に発表した「日本版能動的サイバー防御の展開と課題」（国際安全保障、第52巻第2号）と、The Pacific Reviewの「Rising sun in the cyber domain: Japan's strategic shift toward active cyber defense」の一部を活用している。

　本書の執筆にあたり、多くの方のご協力を得られたことに感謝する。内閣官房、総務省、外務省、防衛省、自衛隊、警察庁等の実務者の方々との議論は大いに充実した機会であった。なかでも内閣官房や総務省サイバーセキュリティ統括官室の方々との議論は、日本のサイバーセキュリティにおける課題の認識を深めることにつながった。また、慶應義塾大学の土屋大洋氏、JPCERTコーディネーションセンターの小宮山功一朗氏をはじめとする同僚のみなさん、東京海上ディーアールの川口貴久氏、双日米国会社の吉田正紀氏、お

およびに | 253

よび中曽根平和研究所の大澤淳氏から伺う問題意識や洞察は、本書の執筆を進める上で欠かせなかった。さらに、2023年12月に行われた国際安全保障学会における東京大学の髙見澤將林氏と日本大学の小谷賢氏との討論は、現代日本の安全保障政策とサイバー分野を考える上で大変貴重であった。本書の企画や構成を日経BPの堀口祐介氏とともに進めることで、本書を完成させることができた。

　最後に、本書はサイバー空間への理解を通じた平和を願って執筆した。本書が、今後明らかになるであろう、能動的サイバー防御の一端を紹介できたならば本望である。

2025年1月

持永　大

持永 大
もちなが・だい

芝浦工業大学 准教授。早稲田大学大学院基幹理工学研究
科情報理工学専攻博士後期課程修了。博士（工学）。三菱総
合研究所、一般社団法人JPCERT/CCを経て、2022年から
現職。情報通信技術、サイバーセキュリティ、および外交・安全
保障政策に関する研究に従事。主著に『デジタルシルクロード
情報通信の地政学』（日本経済新聞出版、2022年）、『サイバ
ー空間を支配する者』（共著、日本経済新聞出版、2018年）。

能動的サイバー防御
日本の国家安全保障戦略の進化
Japan's Active Cyber Defense
A New Direction for National Security Strategy

2025年2月12日　1版1刷

著者　　持永 大

発行者　中川ヒロミ
発行　　株式会社日経BP
　　　　日本経済新聞出版
発売　　株式会社日経BPマーケティング
　　　　〒105-8308　東京都港区虎ノ門4-3-12

装幀　　野網雄太（野網デザイン事務所）
組版　　マーリンクレイン
印刷・製本　シナノ印刷株式会社

©Dai Mochinaga, 2025　　ISBN978-4-296-12126-7　　Printed in Japan

本書の無断複写・複製（コピー等）は著作権法上の例外を除き、禁じられています。
購入者以外の第三者による電子データ化および電子書籍化は、私的使用を含め一切認められておりません。
本書籍に関するお問い合わせ、ご連絡は下記にて承ります。
https://nkbp.jp/booksQA